KLEINE
GESUNDHEITS-BIBLIOTHEK

# NEUE KRAFT DURCH
# YOGA

Sonderausgabe

Die in diesem Ratgeber vorgeschlagenen Rezepte und Anwendungen wurden sorgfältig geprüft. Eine Garantie bzw. Haftung kann jedoch nicht übernommen werden.

1999 Trautwein Ratgeber-Edition
Genehmigte Sonderausgabe

Redaktion: Renate Bärbel Schmid,
Tamara Hansinger, Iris Tsakiridis,
Stefan Richter, Berit Hoffmann
Text: Renate Schuhmayer
Umschlaggestaltung: Inga Koch
Illustrationen: Sabine Wittmann,
Renate Bärbel Schmid
Produktionsleitung: Uwe Eckhard
Produktion: Gunther Jaich
ISBN 3-8174-5188-1
5251882

Mehr Infos im Internet unter
www.compactverlag.de

# INHALT

# Vorwort

Die aus Indien stammende Kunst des Yoga ist rund 5.000 Jahre alt. Ziel des Yoga ist eine allseitige Entwicklung der Persönlichkeit, bis hin zur vollständigen Verschmelzung von Geist und Körper. Damit soll eine Art „universelles Bewußtsein“ erlangt werden.

In der westlichen Welt wird hauptsächlich Hatha-Yoga gelehrt, womit sich auch dieses Buch befaßt. Im Wesentlichen beschäftigt sich diese Form des Yoga mit dem physischen Körper, denn die Reinheit des Körpers ist Voraussetzung für die Reinheit des Geistes.

Yoga regt den gesamten Organismus an, unterstützt Atmung, Stoffwechsel und Kreislauf, stärkt die Muskulatur und schafft somit ein Gefühl des allgemeinen Wohlbefindens. Angestrebt wird die Harmonisierung des Menschen in sich.

Yoga-Übungen haben nicht nur einen allgemeinen gesundheitsfördernden und körperkräftigenden Einfluß, sie können auch bei verschiedensten Krankheiten angewandt werden.

Das vorliegende Buch ist in erster Linie für Anfänger gedacht, die auf einfache Weise die klassischen Yoga-Übungen erlernen wollen. Die ausführlichen Anleitungen und zahlreichen Abbildungen helfen, die eigene Körperhaltung immer wieder zu kontrollieren, wenn nötig zu korrigieren, und damit den gewünschten Erfolg zu erzielen.

# Yoga, was ist das eigentlich?

## Jahrhunderte alte Kunst

Die Kunst des Yoga ist 5.000 Jahre alt und stammt aus Indien. Sie entwickelte sich lange vor dem Erscheinen Buddhas und bestand bereits vor jedem philosophischen System.

Das Wort Yoga leitet sich aus dem Sanskrit ab und heißt »*Joch*«. Übersetzt wird es mit »*Vereinigung*«, umgangssprachlich sagt man »unter demselben Joch«. Gemeint ist ein Verschmelzen der Seele des Einzelnen mit dem Universum, dem »*Göttlichen*«, dazu jedoch später.

Einsiedler, die fernab jeder Zivilisation lebten, entwickelten verschiedene Körperhaltungen *(Asanas)*, die sie Tieren nachahmten, und entdeckten deren Heilwirkung. Sie testeten verschiedene Ernährungsweisen und perfektionierten ihre Methoden. Das Wissen wurde in Büchern zusammengetragen, wovon jedoch bis heute nur ein sehr geringer Teil aus dem Sanskrit übersetzt ist.

## Philosophie oder Religion?

Zu den wichtigsten Vorstellungen im Yoga gehört die Erkenntnis, daß alle Dinge im Universum zusammenhängen. Der Yogi glaubt an eine *»All-Seele«*, zu der er Verbindung aufnehmen kann.

Ziel des Yoga ist eine allseitige Entwicklung der Persönlichkeit, bis hin zur vollständigen Verschmelzung von Geist und Körper, um damit eine Art *»universelles Bewußtsein«* zu erlangen. Auf diesem

Weg hin zur Einheit von Geist, Körper und Seele sind acht Stufen zu durchlaufen:

1. *Yama*, als die Stufe der Mäßigung, regelt die Beziehungen zu anderen Gesellschaftsmitgliedern.
2. *Nyama* nennt man die innere und äußere Reinigung.
3. *Asana* lehrt die verschiedenen Körperhaltungen, durch die der Yogi seinen Körper zu beherrschen lernt.
4. *Pranayama* lenkt den Atem.
5. *Pratyahara* meint ein Zurückziehen der eigenen Person in sich selbst.
6. *Dharana* ist die Konzentration der Gedanken auf eine Sache.
7. *Dhyana* ist die Stufe der Meditation.
8. *Samadhi* ist die letzte Stufe, der Augenblick der Selbstverwirklichung und geistigen Erleuchtung, der Kontakt mit der »All-Seele«.

Die Beschreibungen von Samadhi stimmen zum Teil mit religiösen Erfahrungen aus anderen Kulturen überein, deshalb wird Yoga fälschlicherweise oft als Religion bezeichnet.

Yoga ist jedoch keine Religion, da es weder die Zugehörigkeit zu einer Kirche oder einem Glauben, noch die Hingabe an irgendeine Philosophie verlangt.

Yoga ist statt dessen eine intensive Bewußtseinsschulung auf allen Ebenen, eine Art »psychosomatische Disziplin«, die die persönliche Entwicklung in allen Lebensbereichen fördert.

## Die verschiedenen Arten des Yoga

Traditionsgemäß unterscheidet man vier Hauptarten des Yoga:

1. *Jnana-Yoga* ist Yoga des Wissens und der Weisheit.
2. *Karma-Yoga*, das Yoga der Handlung.
3. *Bhakti-Yoga*, Yoga der Menschenliebe und Verehrung.
4. *Raja-Yoga* ist auf die Beherrschung des Geistes gerichtet.

Zusätzlich zu diesen vier großen *»Pfaden«* gibt es noch andere Formen des Yoga, so zum Beispiel Laya-Yoga, Kundalini-Yoga oder Mantra-Yoga. Eine genaue Unterscheidung all dieser Yoga-Formen würde jedoch zu weit führen. So unterschiedlich nämlich die einzelnen Formen des Yoga auch sein mögen, sie vereinigen sich schließlich alle an einem Punkt und sind eigentlich nicht strikt voneinander zu trennen.

Spricht man im Westen von Yoga, so meint man meist *Hatha-Yoga*.

## Hatha-Yoga

In der westlichen Welt wird hauptsächlich Hatha-Yoga gelehrt, womit sich auch dieses Buch befaßt. Im wesentlichen beschäftigt sich diese Form des Yoga mit dem physischen Körper, denn die Reinheit des Körpers ist Voraussetzung für die Reinheit des Geistes.

Der Übung des Körpers wird im Yoga eine besondere Stellung eingeräumt. Das erinnert sehr an das lateinische Sprichwort »Mens sana in corpore sano«. Eine gesunde Seele in einem gesunden Körper.

Hatha-Yoga befaßt sich mit Hygiene, Ernährung, körperlichen Übungen, Atemtechnik und Meditation. Ein System von Körperhaltungen (Asanas) und bewußter, gelenkter Atmung (Pranayama) lehrt, den Körper zu beherrschen, damit Geist und Seele sich frei entfalten können.

Hatha-Yoga gründet auf der Vorstellung eines »feinstofflichen Körpers«, im Gegensatz zum physischen Körper. Ein Netz von Energieströmen, genannt *Prana*, bildet diesen »feinstofflichen Leib«.

Ausgehend von Energiezentren fließt Prana in Hunderten von Energiekanälen durch unseren Körper und treibt so den menschlichen Organismus an. Die acht wichtigsten Energiezentren – *Chakras* – liegen entlang der Wirbelsäule und decken sich in etwa mit den Nervengeflechten. Jedes Chakra steuert und beeinflußt mit psychischer Energie bestimmte Körperfunktionen und Bewußtseinsebenen.

Asanas und Pranayama helfen, die Chakras zu aktivieren und den Pranafluß zu steuern, Säuberungs- und Reinigungspraktiken dienen zur Vorbereitung auf diese Übungen. Der Yogi besitzt damit eine sehr weitgehende Kontrolle über seine Körperfunktionen, die es ihm erlaubt, höhere Bewußtseinsebenen und Erkenntnisstufen zu erlangen.

## Yoga heute – sein medizinischer Wert

Yoga, diese uralte Lehre, spielt mittlerweile auch in unserer modernen Industriegesellschaft eine bedeutende Rolle. Aufgebaut auf einem gut funktionierenden Leistungsprinzip fordert unsere Zivilisation ihren Preis: Tägliche Hetze, Lärm und schlechte Luft strapazieren unseren Organismus, nervöse Leiden und Degenerationserscheinungen greifen immer mehr um sich, Erschöpfungszustände, Verspannungen, Depressionen sind die Folge.

Durch falsche Lebensweise und schlechte Gewohnheiten richten wir unsere Gesundheit zugrunde, und auch der beste Arzt wird uns nicht helfen können, wenn wir nicht lernen, die Ursache für all diese Zivilisationskrankheiten zu beseitigen.

Die schon im Altertum bekannten positiven Wirkungen der Yoga-Stellungen auf den Körper hat auch die moderne medizinische Forschung bestätigt:

Die Asanas halten die Wirbelsäule und die übrigen Gelenke beweglich, entspannen die Muskulatur, beleben Organe und Nervenzentren.

Pranayama (bewußte und gelenkte Atmung) bringt Sauerstoff und damit Energie in jede Zelle des Körpers. Diese Atemübungen haben einen starken Einfluß auf Herz- und Lungentätigkeit. Da bei allen Pranayama-Übungen das Zwerchfell kräftig bewegt wird, massiert man damit gleichzeitig die Baucheingeweide.

Die Yoga-Übungen zwingen uns auch zur körperlichen Entspannung, die sich auf die geistige Haltung auswirkt und damit zu einer inneren Beruhigung führt. Da jede Körperhaltung auch einen inneren, psychischen Zustand widerspiegelt, erfährt der Yogi mit einer Besserung seiner Haltung gleichzeitig auch eine »innere Aufrichtung«.

Yoga regt den gesamten Organismus an, unterstützt Atmung, Stoffwechsel und Kreislauf, stärkt die Muskulatur und schafft damit ein Gefühl des allgemeinen Wohlergehens. Ziel ist die Harmonisierung des Menschen in sich. Neben dem allgemeinen gesundheitsfördernden und körperkräftigenden Einfluß, können die Yoga-Übungen auch bei Krankheiten angewandt werden. Es sei jedoch hiermit ausdrücklich darauf hingewiesen, daß Sie, bevor Sie mit dem Üben beginnen, Ihren Arzt befragen! Bei einer Zustimmung Ihres Arztes ist es außerdem angebracht, die Yoga-Übungen unter fachlicher Anleitung zu erproben. In seiner ganzheitlichen Art hilft Yoga somit, den gesamten Organismus zu regenerieren und zu revitalisieren.

# Die Yoga-Atmung – mehr als nur Luftholen

Von den drei Hauptrichtungen im Hatha-Yoga, den Körperhaltungen, der Reinigung des Körpers und der Atembeherrschung, geben die Yogis der Beherrschung des Atems den Vorrang.

Wochenlang kann der Mensch ohne Nahrung auskommen, tagelang ohne Flüssigkeit – aber nur wenige Minuten ohne zu atmen. Atem bedeutet Leben: Atmung ist die treibende Kraft für alle Körperfunktionen. 18mal pro Minute, 1080mal in der Stunde und 25920mal am Tag vollzieht sich beim gesunden Erwachsenen der Ein- und Ausatmungsprozeß – von den meisten Menschen gar nicht wahrgenommen – automatisch und selbstverständlich.

Es ist erstaunlich, wie groß die unbewußte Kontrolle unserer Atmung ist, und wie sehr das Atmen selbst unsere Gefühlswelt beeinflußt. Wir atmen schneller bei Aufregung und Nervosität, tun ein paar tiefe Atemzüge zur Beruhigung und gebrauchen die Atemluft zum Lachen und Weinen.

Richtig atmen beruhigt die Seele, erfrischt den Geist und gibt uns neue Energie.

Dennoch atmen wir meist unvollständig, oberflächlich und hastig. Harte, angespannte Muskeln, schlimmer noch als jedes Korsett, verhindern eine langsame und tiefe Atmung!

Die nachfolgenden Hinweise zur Vorbereitung und Ausführung der Atemübungen sollen uns helfen, wieder bewußter zu atmen.

## Wie funktioniert unsere Atmung?

Technisch gesehen geschieht beim Atmen folgendes:

Die zwei unterschiedlichen Phasen der Atmung sind das Einatmen und das Ausatmen. Beide werden durch Ausdehnen und Zusammenziehen des Zwerchfells bewirkt. Unsere Lunge funktioniert wie ein Blasebalg und bläst sich auf, wenn das Zwerchfell sich zusammenzieht.

Unsere Zwischenrippen-Muskulatur dehnt nun den Brustkasten; erst jetzt kann die Luft ganz tief in die Lungen gelangen. Genau umgekehrt verhält es sich bei der Ausatmung.

Weitere Phasen der Atmung sind die *Suspension* (Aufhebung des Atmens), d. h. der Zeitraum nach erfolgtem Ausatmen bis zum erneuten Einatmen und die *Retention* (Zurückhaltung), der Zeitraum nach erfolgtem Einatmen bis zum erneuten Ausatmen.

Neben diesen vier Phasen unserer Atmung lassen sich drei Arten der Atmung unterscheiden:

1. die Bauchatmung
2. die Brustkorbatmung
3. die Schlüsselbeinatmung.

Die *Bauchatmung* oder untere Atmung *(Zwerchfellatmung)* wird durch Zusammenziehen und Flachwerden des Zwerchfells erzeugt. Die *Brustkorbatmung* oder mittlere Atmung *(Rippenatmung)* wird erzeugt durch Dehnung der Zwischenrippen-Muskulatur und Anheben des Brustkorbes. Die *Schlüsselbeinatmung* oder obere Atmung *(Lungenspitzenatmung)* wird erzeugt durch das Anheben der Schlüsselbeinpartie und ein Heben des oberen Thorax.

**Merke:**

Die vollständige Yoga-Atmung umfaßt alle drei genannten Arten.

## Die Heilwirkungen der Yoga-Atmung

- Eine vollständige Durchlüftung der Lungen vergrößert die Oxidationsoberfläche und verbessert somit die Sauerstoffbindung im Blut.

- Die Lunge wirkt als Saugpumpe für die Zirkulation des venösen Blutes. Bei vollständiger Ausatmung wird die Blutzirkulation verbessert.

- Das Abfallprodukt Kohlensäure (im Blut gelöst in die Lungen transportiert) wird durch kräftiges Ausatmen fast vollständig beseitigt.

- Die Atemübungen helfen, die Beweglichkeit des Zwerchfells zu vergrößern und die Bauchmuskulatur zu kräftigen. Die Bauchorgane werden dadurch massiert.

- Beruhigung des Nervensystems, Entspannung des *Plexus solaris (Sonnengeflecht).*

## Hinweise zum richtigen Atmen

- Atmen Sie immer durch die Nase! Sie hat die Funktion eines Filters und befreit die Luft von Verunreinigungen. Gleichzeitig wird die Luft auf ihrem Weg durch die Nase erwärmt und befeuchtet.
- Versuchen Sie, immer vollkommen aufrecht zu stehen oder zu sitzen, damit der Brustkorb nicht eingeengt wird!
- Versuchen Sie, geräuschlos zu atmen!
- Körperbewegungen und Atmung sollten immer im gleichen Rhythmus erfolgen.
- Beim Einatmen achten Sie bitte ganz besonders auf das Ausdehnen von Brustkorb und Bauch!
- Beim Ausatmen ziehen Sie den Bauch so weit wie möglich ein.
- Vermeiden Sie enganliegende oder gar bewegungshemmende Kleidung!
- Machen Sie Ihre Atemübungen vor geöffnetem Fenster oder noch besser, im Freien!
- Vermeiden Sie es, die Muskulatur der Hände anzuspannen, den Hals oder das Gesicht zu ver-

krampfen, denn angespannte Gesichtsmuskeln blockieren die Atemwege.

- Wenn Sie Herzbeschwerden haben, sollten Sie die Atemübungen ganz besonders vorsichtig ausführen!

Versuchen Sie immer, Ihre volle Aufmerksamkeit auf den Atmungsvorgang zu richten. Atmen Sie so bewußt und vollständig als möglich.

**Merke:**

> In der Ruhe liegt die Kraft: Die ideale Atmung ist tief, langsam, leise und leicht! Bewußte Atmung ist eines der wichtigsten Mittel, um die organische Widerstandskraft zu steigern.

## Atemübungen zum Erlernen der vollständigen Yogi-Atmung

Zuerst lernen wir, die drei Arten der Atmung voneinander zu trennen, um sie dann wieder aneinanderzufügen und sie in harmonischem Rhythmus einander folgen zu lassen.

Im Anschluß daran können Sie dann auch die anderen Atemübungen erlernen.

## Die Bauchatmung

***Übungsverlauf:***
Sie üben am Boden, auf dem Rücken liegend, die Beine aufgestellt. Eine Hand legen Sie auf den Bauch, die andere neben den Körper auf den Boden. Sie atmen nun einige Male tief aus – vielleicht stoßen Sie einige Seufzer aus –, dann spannen Sie die Bauchmuskulatur an.

Halten Sie den Atem einige Sekunden an, bis sich die Atmung von selbst einschalten will. In diesem Augenblick entspannen Sie die Bauchmuskulatur und atmen sehr langsam ein. Während die Luft in die Lungen einströmt, hebt sich die Bauchdecke, die Bauchmuskulatur bleibt während der ganzen Phase der Einatmung entspannt. Versuchen Sie, ebenfalls den Rücken zu entspannen, die Rippen sollten sich nicht bewegen!

Bei der Ausatmung lassen Sie dann den Unterleib ebenso langsam einsinken. Ein- und Ausatmungszeit sollten gleich lang sein.

Achtung: Menschen mit zu niedrigem Blutdruck sollten diese Atemübung nur in stehender Haltung ausüben!

***Wichtig:***
Überprüfen Sie zwischendurch Ihre liegende Haltung, und achten Sie bitte darauf, daß Sie nicht im Hohlkreuz liegen! Auch im Stehen sollten Sie stets einen ganz geraden Rücken haben. Es ist wichtig, die Lunge gründlich zu entleeren, da in der

Ausatmung die Muskulatur des Zwerchfells in Ruhestellung ist und sich nur während dieser Zeit völlige Entspannung einstellen kann.

Wenn Sie mit der Einatmung beginnen, lassen Sie die Luft von selbst in die Lungen einströmen. Das Zwerchfell sollte sich auf keinen Fall durch eine aktive Kontraktion der Bauchhöhlenmuskulatur heben!

Die Lungen füllen sich langsam mit Luft. Hören Sie sich nicht atmen, weist die Einatmung das gewünschte langsame Tempo auf. Atmen Sie bitte durch die Nase aus und ein! Versuchen Sie bewußt mitzuerleben, was sich bei Ihrer Atmung abspielt.

***Wirkungen:***
Die Bauchatmung verbessert in erster Linie die Blutzirkulation. Die Bewegungen des Zwerchfells dehnen die Lungenbasis und helfen der Lunge, reichlich venöses Blut anzusaugen. Durch die Beschleunigung der Zirkulation im venösen System wird das Herz gut mit Blut versorgt.

Zugleich übt das Zwerchfell, wenn expandiert, Druck auf die über ihm gelegenen Organe aus. Die Bauchorgane werden äußerst wirksam und kräftig massiert. Die Funktionen von Leber, Galle, Nieren, Bauchspeicheldrüse und Milz werden normalisiert und die Leistungsfähigkeit aller Organe erhöht.

Eine entspannende Wirkung zeigt die Bauchatmung auf den »*Plexus solaris*«, das *Sonnengeflecht*.

Schließlich korrigiert diese Übung auch noch eine falsche Bauchbewegung beim Atmen: Ausdehnung beim Einatmen und Zurückziehen beim Ausatmen!

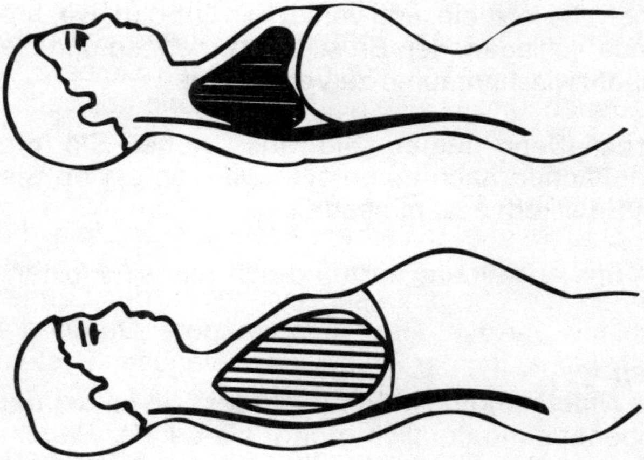

*Bauchatmung*

## Die Rippenatmung

***Übungsverlauf:***
Diese Atemübung machen Sie in sitzender Stellung, auf einem Stuhl oder am Boden. Atmen Sie gründlich aus, und spannen Sie dann die Bauchmuskulatur an, um jede Atmung mit dem Zwerchfell zu vermeiden. Ihre Handflächen legen Sie auf die entsprechende Seite des Brustkorbes, die Finger zeigen zueinander.

Atmen Sie jetzt ein, und versuchen Sie dort, wo Ihre Hände aufliegen, den Brustkorb zu dehnen und die Rippenzwischenräume zu vergrößern.

Anschließend atmen Sie aus, wobei Sie die Handflächen nach innen schieben, so als ob Sie den Brustkorb zusammendrücken wollten.

Ein- und Ausatmung sollten gleich schnell erfolgen.

***Wichtig:***
Der Widerstand beim Eintreten der Luft ist bei der Rippenatmung deutlich größer als bei der Bauchatmung. Versuchen Sie dennoch, die Bauchmuskulatur immer angespannt zu halten, und beschränken Sie Ihre Atembewegungen auf die Rippengegend.

***Wirkungen:***
Entscheidend für die Atemkapazität des Brustkorbes ist seine Beweglichkeit. Die Übung verbessert die Elastizität der Rippenknorpel, die Beweg-

lichkeit der Rippenwirbelgelenke und stärkt die Rippenmuskulatur.

## Die Schlüsselbeinatmung

***Übungsverlauf:***
Setzen Sie sich wieder auf den Boden oder auf einen Stuhl, und achten Sie darauf, daß Sie die Wirbelsäule gerade halten.

Spannen Sie die Bauchmuskulatur ebenso an, wie beim Erlernen der Rippenatmung, und legen Sie Ihre Handflächen wieder auf den Brustkorb.

Versuchen Sie nun, die Schlüsselbeine zu heben und dadurch Luft in die Lungen eintreten zu lassen. Die Schultern sollten dabei nicht nach oben gezogen werden.

Vor allem Frauen neigen aus Gewohnheit zu einer verstärkten Lungenspitzenatmung. Diese Atmungsart ist jedoch die uneffektivste von allen und sollte nur dann angewendet werden, wenn sie den beiden anderen Arten der Atmung folgt.

Während der Schwangerschaft kann eine Frau praktisch nicht mehr mit dem Zwerchfell atmen, daher wird dann die Schlüsselbeinatmung zu einer geeigneten Atmungsweise. Sobald nun der Unterleib auch nur leicht eingeengt ist, stellt sich diese Art der Atmung ein, obwohl sie von deutlich geringerem Wert ist als die Bauchatmung. Achten Sie also bitte darauf, daß Sie unter »normalen Umständen« die Schlüsselbeinatmung nicht zu sehr forcieren, sondern wirklich nur in Verbindung mit Bauch- und Rippenatmung verwenden.

***Wirkungen:***
Diese Atmungsübung verbessert die Beweglichkeit der Schlüsselbeingelenke und kräftigt die obere Atemmuskulatur.

Die drei Phasen einer vollständigen Atmung, Bauch-, Rippen- und Schlüsselbeinatmung, sollten einander in einer Art wellenförmigen Bewegung folgen und sich dennoch deutlich voneinander unterscheiden.

Erst wenn Sie diese drei Atemübungen beherrschen, versuchen Sie bitte auch die nachfolgenden Übungen, bei denen in Klammern immer der jeweilige Sanskritname angegeben ist.

## Die wechselseitige Nasenatmung
(Surya Bhedana Pranayama)

***Übungsverlauf:***
Setzen Sie sich in den Schneidersitz; Kopf, Hals und Wirbelsäule sollten dabei eine Linie bilden.

Verschließen Sie dann mit dem Ringfinger das linke Nasenloch. Während Sie langsam bis vier zählen, atmen Sie ein. Nun verschließen Sie mit dem Daumen das rechte Nasenloch und halten den Atem einige Sekunden an, bevor Sie das linke Nasenloch öffnen und ausatmen. Atmen Sie dabei so lange wie möglich aus.

Anschließend atmen Sie durch dasselbe Nasenloch (links) ein und zählen wiederum bis vier. Schließen Sie das Nasenloch mit dem Ringfinger, halten Sie den Atem an, und atmen Sie dann durch das rechte Nasenloch aus.

Wiederholen Sie diese Reihenfolge mehrmals hintereinander, und steigern Sie ganz allmählich den Atemrhythmus, so daß Sie anstatt bis vier zu zählen bis acht zählen.

***Wichtig:***
Kontrollieren Sie zwischendurch immer wieder Ihre Sitzposition: Sie sollten nicht einsacken, sondern auf einen geraden Rücken achten!

Erzwingen Sie nichts, sondern atmen Sie ohne Anstrengung. Lassen Sie den Atem fließen, und atmen Sie möglichst geräuschlos und ruhig.

***Wirkungen:***
Die wechselseitige Nasenatmung entspannt und erfrischt den Körper. Sie wirkt beruhigend, pumpt die Lungen wieder voll Luft und hilft, das Blut von Kohlendioxyd zu reinigen.

## Die Reinigungsatmung
(Kapalabhati)

***Übungsverlauf:***
Setzen Sie sich entweder auf den Boden, im Schneidersitz, oder auf einen Stuhl. Achten Sie auf

einen geraden Rücken, und lassen Sie die Arme locker neben dem Körper hängen.

Atmen Sie nun tief ein, und dehnen Sie den Bauch so weit aus, wie es Ihnen möglich ist.

Jetzt ziehen Sie den Bauch mit all Ihrer Kraft ein und lassen die Luft durch die Nasenlöcher ausströmen. Danach holen Sie wieder Luft und drücken den Bauch heraus.

Wiederholen Sie diesen Rhythmus der Reinigungsatmung etwa zehnmal, und machen Sie anschließend eine Tiefatmung.

***Wichtig:***
Überprüfen Sie zwischendurch bitte Ihre Haltung: Vermeiden Sie ein Hohlkreuz, und lassen Sie die Schulterpartie locker.

Dehnen Sie beim Einatmen den Bauch so weit aus, wie Sie können.

***Wirkungen:***
Die Reinigungsatmung kräftig die Atmungsorgane, insbesondere das Zwerchfell. Lungen, Atemwege, Stirn- und Nebenhöhlen werden gereinigt, das Blut von überschüssigem Kohlendioxyd befreit. Die Übung bringt eine Besserung bei Erkältungen, zudem werden die Bauchorgane kräftig massiert und die Verdauung angeregt. Die Funktionen von Leber, Milz und Bauchspeicheldrüse werden gefördert.

## Die Tiefatmung

(Sama Ortti Pranayama)

***Übungsverlauf:***
Sie setzen sich wieder auf den Boden im Schneidersitz oder auf einen Stuhl. Der Rücken ist gerade, die Arme lassen Sie locker neben dem Körper hängen.

Atmen Sie nun ganz langsam und bewußt durch die Nase ein, und dehnen Sie dabei den Bauch und die Rippen weit aus.

Nachdem Sie auf diese Weise den unteren Teil der Lungen mit Luft gefüllt haben, konzentrieren Sie sich darauf, den Brustkorb auszudehnen und so auch den oberen Teil der Lungen mit Luft zu füllen.

Halten Sie den Atem einige Zeit an (etwa 5 Sekunden), und atmen Sie dann ebenso langsam und vollständig aus. Ihre Lungen sollten vollkommen leer sein.

***Wichtig:***
Konzentrieren Sie sich ganz auf Ihre Atmung. Dazu können Sie ruhig auch die Augen schließen. Achten Sie auf einen gleichmäßigen Atemrhythmus; dehnen Sie den Bauch wirklich ganz aus, und ziehen Sie ihn beim Ausatmen vollständig wieder ein.

Versuchen Sie, nach dem Ausatmen nochmals kurz auszuschnaufen und damit auch die noch vorhandene Restluft auszustoßen. Achten Sie bitte auch darauf, lautlos zu atmen.

Zwischendurch korrigieren Sie Ihre Haltung: Sitzen Sie mit ganz geradem Rücken, und halten Sie den Schultergürtel entspannt.

***Wirkungen:***
Die Reinigungsatmung sorgt für eine reichhaltige Sauerstoffaufnahme im Blut und läßt das Abfallprodukt Kohlendioxyd schneller aus dem Körper ausscheiden. Die Atmungsorgane werden gekräftigt.

Durch die Übung erhöht sich die Widerstandskraft gegen Erkältungen, dem Körper werden neue Energien verschafft. Das Verdauungssystem wird durch diese Atmungstechnik angeregt, die Funktion von Leber, Milz und Bauchspeicheldrüse gefördert. Richtiges, tiefes Atmen vertreibt auch die Dauermüdigkeit, unter der so viele Menschen leiden; ein neues Gefühl der Vitalität tritt auf.

## Suspension des Atems
(Sunyak Pranayama)

***Übungsverlauf:***
Diese Übung sollten Sie nur morgens ausführen!
Setzen Sie sich auf den Boden, im Schneidersitz, die Hände falten Sie in Gebetshaltung vor dem Körper.

Atmen Sie zunächst für einige Sekunden ein und, ohne Retention, langsam und gleichmäßig wieder aus, wobei Sie den Bauch so weit wie möglich einziehen. Bleiben Sie jetzt so lange wie möglich in dieser Stellung. Sie sollten jedoch keine Anstrengung spüren. Die Suspension des Atems sollten Sie nach einiger Zeit etwa 10 bis 15 Sekunden einhalten können.

Nach dieser Zeit atmen Sie langsam ein und lassen den Unterleib wieder in seine natürliche Position kommen.

***Wichtig:***
Konzentrieren Sie sich ganz auf die Suspension des Atems, Ein- und Ausatmung sind unwichtig. Zwischendurch überprüfen Sie wieder Ihre Haltung: gerader Rücken und entspannter Schultergürtel.

Herzkranke und Schwangere sollten von dieser Übung absehen!

***Wirkungen:***
Durch das extreme Zusammenpressen des Unterleibes werden die Bauchorgane komprimiert und massiert. Die Blutzirkulation im Bauchraum wird aktiviert, und die Funktionen der Organe werden angeregt.

## Retention des Atems
(Kumbhak Pranayama)

***Übungsverlauf:***
Sie sitzen am Boden, im Schneidersitz oder auf einem Stuhl. Achten Sie auf einen geraden Rücken, und lassen Sie die Arme locker neben dem Körper hängen. Entspannen Sie den Schultergürtel.

Atmen Sie etwa fünf Sekunden lang ganz langsam und gleichmäßig ein, dann halten Sie den Atem für mindestens 10 Sekunden an. Anschließend atmen Sie aus, aber in etwas schnellerem Tempo als Sie das bei der Einatmung gemacht haben.

Wiederholen Sie diese Übung einige Male und versuchen Sie, die Einatmung auf eine Dauer von 10 Sekunden und die Retention auf eine Dauer von 20 Sekunden zu erhöhen.

***Wichtig:***
Konzentrieren Sie sich ganz auf Ihre Atmung, aber erzwingen Sie nichts! Steigern Sie die Zeit von Einatmung und Retention nur sehr vorsichtig.

***Wirkungen:***
Durch die Retention erhöht sich der Druck in den Lungenbläschen, der Sauerstoffaustausch wird stimuliert. Die Atemwege werden gereinigt, Husten und andere Erkrankungen der Atemwege dadurch bekämpft.

Die positiven Wirkungen dieser Retention des Atems haben sich auch bei Asthmatikern bewährt.

# Geheimnis und Praxis der Asanas

Grunsätzlich ist Yoga für jeden geeignet. Das Alter spielt dabei keine Rolle!

Sie sollten jedoch, um die gesundheitsfördernde Wirkung des Yoga auch zu erreichen, folgende Grundsätze beachten:
Zum täglichen Üben – und das ist unerläßlich – brauchen Sie vor allem Zeit. Mindestens einmal pro Tag, wenn möglich sogar zweimal. Morgens sind Sie vielleicht noch etwas steif, aber die Übungen beleben Sie und geben Ihnen Energie für den Tag. Abends entspannen sie für einen guten Schlaf. Auf jeden Fall sollten Sie regelmäßig Yoga machen, auch wenn Sie nur für ein paar Übungen Zeit haben.

Außer der täglichen Übungszeit brauchen Sie einen Raum. Sie sollten darin ungestört sein. Sorgen Sie für genügend frische Luft, und achten Sie darauf, daß der Raum so temperiert ist, daß Sie nicht frieren. Die Unterlage darf nicht zu weich sein. Wenn Ihnen der Boden, auf dem Sie üben, zu hart ist, dann benützen Sie eine Wolldecke oder einen Teppich als Unterlage. Tragen Sie zum Üben bequeme Kleidung. Beginnen Sie nicht mit vollem Magen.

Bis zu zwei Stunden nach dem Essen sollten Sie keine Übungen machen.

Frauen können auch während der Menstruation Yoga machen. Sie sollten jedoch nichts übertreiben und umgekehrte Stellungen (wie zum Beispiel die Kerze) auslassen. Im Falle einer Schwangerschaft sprechen Sie bitte zuerst mit dem Arzt!

Auch wer unter hohem Blutdruck, Schwindelgefühl oder Netzhautablösung leidet, sollte in jedem Fall seinen Arzt befragen!

Das Geheimnis des Hatha-Yoga, in wenigen Worten ausgedrückt, heißt: Dehnung entspannter Muskeln unter Einwirkung langsamen und progressiven Zuges. Weil jede Asana bestimmte Muskeln oder Muskelgruppen einem Zug unterwirft, sollten Sie immer Ihre ganze Aufmerksamkeit und Konzentration auf eine Übung richten. Beginnen Sie immer ruhig und konzentriert.

Bevor Sie eine Asana einnehmen, überprüfen Sie, ob Sie entspannt sind. Dann führen Sie die Übung mit einem Minimum an Muskeleinsatz aus und beschränken Spannungen so weit als möglich.

Atmen Sie normal weiter, auf keinen Fall sollten Sie den Atem anhalten! Während der Stellung entspannen Sie besonders jene Muskeln, auf welche die Asana direkt einwirkt. Dehnen Sie immer langsam und kontinuierlich, und verharren Sie in der Endstellung so lange, bis es Ihnen unbequem wird.

Beenden Sie die Stellung genauso langsam, wie Sie sie begonnen haben. Erzwingen Sie nichts. Vermeiden Sie ruckartige Bewegungen, dehnen Sie, so weit Sie kommen, und verharren Sie dort. Schmerzen sind ein Alarmsignal, das Sie nicht überhören sollten!

In Ruhestellung atmen Sie wieder tief und vollständig und versuchen, sich ganz zu entspannen. Während der Ruhepause fließt das Blut zurück in jene Muskeln, welche vorher gedehnt wurden. Diese Entspannung ist wesentlich, und Sie sollten deshalb nicht ohne Pause von einer Übung zur anderen übergehen. Yoga schließt jede Eile aus!

Vergleichen Sie sich nie mit anderen! Da jeder Körper anders gebildet ist, gibt es kein bestimmtes Leistungsniveau und keinerlei vergleichbare Werte. Beim Yoga geht es ausschließlich um Ihren persönlichen Erfolg.

Lesen Sie sich die Übungsbeschreibungen immer gründlich bis zum Ende durch, um unsachgemäße Ausführungen der Stellungen zu vermeiden. Richtig und regelmäßig betrieben wird Yoga auch Ihnen Ihren »persönlichen« Erfolg bringen!

# Die klassischen Yoga-Übungen

## Entspannungsübungen

**Schneidersitz**
(Sukhasana)

***Übungsverlauf:***
Setzen Sie sich auf den Boden, in den Schneidersitz. Ihre Hände legen Sie auf die Knie, Schultergürtel und Arme bleiben dabei ganz entspannt.

Versuchen Sie, ganz gerade zu sitzen, richten Sie Ihre Wirbelsäule auf, und halten Sie den Kopf ebenfalls ganz gerade.

Schließen Sie nun Ihre Augen, sitzen Sie entspannt, und versuchen Sie, zur Ruhe zu kommen.

***Wichtig:***
Es ist von Bedeutung, daß Sie wirklich ganz gerade sitzen. Ziehen Sie den Bauch etwas ein, und stellen Sie sich vor, daß ein an Ihrem Kopf befestigter Faden Sie nach oben zieht und streckt. Die Schultern bleiben unten!

***Wirkungen:***
Die Übung korrigiert unsere Körperhaltung und dient vor allem der Aufrichtung unserer Wirbelsäule. Sie ist außerdem zur Ausführung von Pranayama geeignet. Bei der Ausatmung sollten Sie dabei versuchen, die Bauchmuskulatur anzuspannen und in der Bauchgegend eine ziemlich tiefe »Höhle« herzustellen. Bei der Einatmung stoßen Sie dann den Bauch kräftig und schnell wieder heraus.

*Schneidersitz*

## Festhaltung
(Vajrasana)

***Übungsverlauf:***
Knien Sie sich auf den Boden, auf Ihre Unterschenkel, und setzen Sie sich dann zurück auf die Fersen. Ihre Knie sollten sich dabei berühren. Die Wirbelsäule ist ganz aufgerichtet. Kopf, Hals und Wirbelsäule sollten eine Linie bilden. Lassen Sie Ihre Hände auf den Oberschenkeln ruhen.

Schließen Sie wieder die Augen, entspannen Sie sich, und konzentrieren Sie sich auf Ihre Atmung. Ihr Atem sollte ruhig und normal »fließen«.

***Wichtig:***
Wenn Ihnen das Zurücksetzen auf die Fersen unangenehm ist, so versuchen Sie es, indem Sie ein Kissen zwischen Fersen und Gesäß schieben.

Achten Sie immer auf einen ganz gestreckten Rücken, und versuchen Sie, auch Ihre Gesichtsmuskulatur zu entspannen.

***Wirkungen:***
Durch das Zurücksetzen auf die Fersen wird das Kniegelenk sehr stark gebeugt und das Fußgelenk gestreckt. Durchblutungsstörungen der Beine und besonders der Füße werden somit beseitigt.

Positive Wirkungen zeigt die Übung auch bei Arthritis in den Kniegelenken. Diese Stellung fördert außerdem auch die Verdauung.

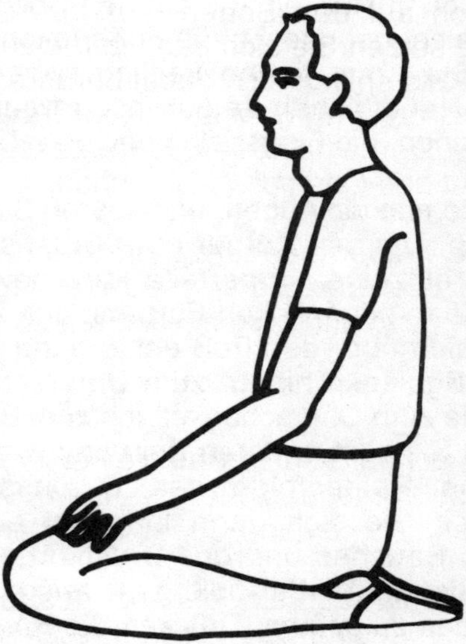

*Festhaltung*

## Totenstellung
(Sabasana)

***Übungsverlauf:***
Legen Sie sich in Rückenlage auf den Boden. Die Beine sind leicht gegrätscht, die Füße fallen locker zur Seite. Die Arme liegen seitlich neben dem Körper, die Handflächen zeigen nach oben oder leicht nach innen, die Finger sind entspannt.

Schließen Sie nun die Augen, und spüren Sie Ihren Körper durch. Um den Körper bewußt zu spüren, können Sie einzelne Körperteile kurz bewegen. Beqinnen Sie mit dem linken Fuß, mit den Zehen. Tasten Sie sich über den Fuß entlang zur Ferse, über die Fußgelenke hinauf zum Unterschenkel, über das Knie zum Oberschenkel und zum Becken. Dann gehen Sie zum anderen Bein und wiederholen dort die Reihenfolge des Durchspürens. Konzentrieren Sie sich dann langsam auf den Bereich des Bauches und des Brustkorbes, und versuchen Sie, die Wirbelsäule ganz ausgestreckt auf dem Boden zu spüren. Drücken Sie Kreuz und Becken auf den Boden, und überprüfen Sie in Gedanken, ob jeder Wirbel den Boden berührt. Strecken Sie die Nackenwirbelsäule, indem das Kinn nach vorne angezogen wird, der Kopf liegt damit schwerer auf der Unterlage.

Drücken Sie nun die Schultern auf den Boden. Spüren Sie die Oberarme, die Unterarme, die Hände, die Finger. Gehen Sie dann, wenn Sie beide Arme durchgetestet haben, zum Nacken zurück. Vom Nacken gehen Sie über den Hinterkopf zum Gesicht. Tasten Sie das Gesicht ab. Ist die Stirn faltenlos? Prüfen Sie die Schläfen, die Augenbrauen, die Augenhöhlen, die Augen. Sind die Augenlider ruhig? Spüren Sie die Wangen, den Mund. Die Lippen nicht zusammenpressen. Atmen Sie durch die Nase aus und ein. Entspannen Sie sich, und lassen Sie sich förmlich in den Boden hineinsinken. Um aus der Entspannung zurückzukommen, strecken und dehnen Sie sich.

***Wichtig:***
Wenn Ihnen die Rückenlage auf dem Boden als nicht sehr bequem erscheint, so können Sie sich ein kleines Kissen unter das Kreuz oder den Nacken schieben. Unterdrücken Sie jeden Gedanken, konzentrieren sie sich auf Ihre Atmung. Diese Übung steht bei einem ausführlichen Übungsprogramm entweder am Anfang, um zur erforderlichen Ruhe zu kommen, oder am Ende.

***Wirkungen:***
Die Übung bewirkt eine vollkommene Entspannung der Muskulatur und beruhigt das Nervensystem. Zugleich werden Angstgefühle und nervöse Zustände gelindert. Der Körper baut Energie auf, innere Ausgeglichenheit stellt sich ein.

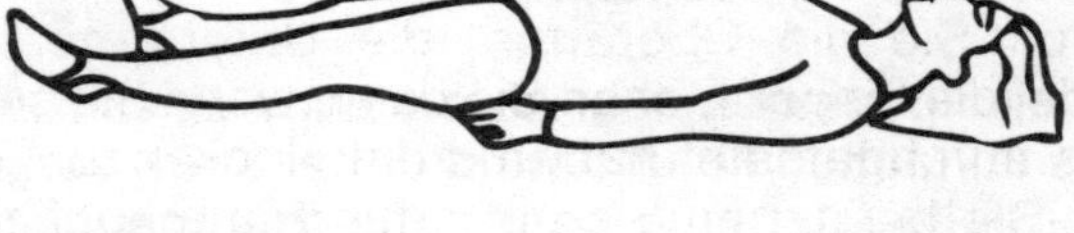

*Totenstellung*

## Zusammengerolltes Blatt
(Virasana)

***Übungsverlauf:***
Sie knien sich wieder auf den Boden, setzen sich auf die Fersen und lassen die Arme ganz locker neben dem Körper hängen. Die Knie sollten sich berühren.

Beugen Sie nun ganz langsam den Oberkörper nach vorne, und legen Sie den Kopf vor Ihren Knien auf den Boden. Die Arme lassen Sie dabei neben Ihrem Körper nach hinten gleiten, die Handflächen zeigen nach oben. In dieser Stellung versuchen Sie nun zu entspannen. Den Kopf können Sie, wenn es Ihnen angenehmer ist, zur Seite drehen.

***Wichtig:***
Versuchen Sie, Ihr gesamtes Körpergewicht auf die Beine und Fersen zu verlagern, und rollen Sie sich so klein wie möglich zusammen.

***Wirkungen:***
Die Übung entspannt die Muskulatur und schafft neue Energien. Durchblutungsstörungen der Beine und der Füße werden beseitigt, »müde Beine wieder munter«. Zusätzlich verbessert diese Haltung die Durchblutung des Kopfes.

Die Stellung erinnert sehr an die Lage eines Kleinkindes im Mutterleib und wirkt daher stark beruhigend. Sie besitzt eine sehr hohe therapeutische Wirkung.

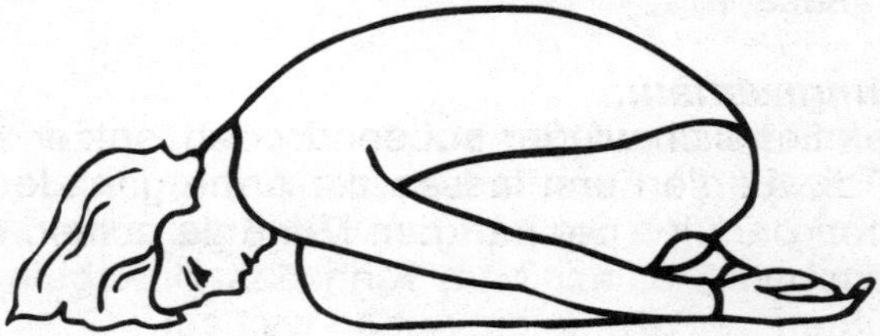

*Zusammengerolltes Blatt*

## Übungen für die einzelnen Körperglieder

Diese Yoga-Übungen dienen vor allem der Dehnung der Muskulatur, der Beweglichmachung und Entspannung der einzelnen Körperteile. So werden zum Beispiel Beinmuskeln gedehnt, Schultergelenke gelockert oder Rückenmuskeln gekräftigt. Sie werden sehen, daß es in den meisten Fällen ganz einfache Übungen gibt, um die gewünschte Wirkung zu erreichen. Wichtig ist Ihre innere Einstellung zu jeder einzelnen Übung und vor allem deren richtige Ausführung.

Die körperlichen Wirkungen der Übungen bringen auch ästhetische Vorteile mit sich: Fettpölsterchen verschwinden und ihre gesamte Haltung wird sich verbessern.

## Löwe
(Singhasana)

***Übungsverlauf:***
Knien Sie sich auf den Boden, und setzen Sie sich zurück auf die Fersen. Legen Sie Ihre Hände auf die Knie. Öffnen Sie jetzt den Mund ganz weit, und versuchen Sie, mit dem Kinn das Brustbein zu berühren; reißen Sie die Augen weit auf.

Strecken Sie nun Ihre Zunge heraus, und zwar so weit wie möglich. Versuchen Sie, mit der Zungenspitze das Kinn zu berühren. Atmen Sie dabei normal weiter, und bleiben Sie etwa 20 Sekunden in dieser Stellung. Danach ziehen Sie die Zunge ein und entspannen. Wiederholen Sie die Übung zwei- bis dreimal.

***Wichtig:***
Achten Sie darauf, daß Sie mit geradem Rücken sitzen und nicht ins Hohlkreuz fallen.

Öffnen Sie den Mund so weit wie möglich, und strecken Sie die Zunge wirklich ganz heraus,

***Wirkungen:***
Singhasana entspannt die Gesichtsmuskulatur, Fältchen verschwinden. Sie fördert die Durchblutung von Zunge, Mundboden, Rachen und Gesichtshaut.

Die Übung lindert Halsschmerzen und verbessert die Stimme. Der »Löwe« ist eine Muß-Übung!

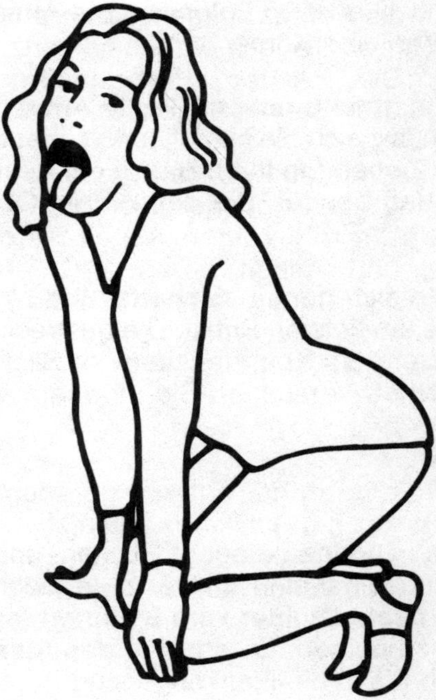

*Löwe*

## Berg
(Parvatasana)

***Übungsverlauf:***
Sie sitzen, je nachdem wie es Ihnen bequemer ist, im Schneider- oder im Lotossitz. Die Arme hängen locker neben dem Körper.

Mit der Einatmung heben Sie die Arme gestreckt nach oben, bis sich die Handflächen über dem Kopf berühren. Ziehen Sie Ihren Bauch ein kleines Stück weit ein, und beugen Sie dann Ihren Oberkörper zur Seite.

Neigen Sie sich genau seitwärts, und bleiben Sie eine Weile am tiefsten Punkt. Die gestreckten Arme werden über dem Kopf gehalten, ihr Blick ist nach vorn gerichtet. Versuchen Sie, normal weiterzuatmen.

***Wichtig:***
Sitzen Sie mit ganz geradem Rücken, und vermeiden Sie unbedingt ein Hohlkreuz. Je mehr Sie sich strecken, desto leichter wird es Ihnen fallen, sich zur Seite zu neigen. Lassen Sie den Atem fließen und atmen Sie in die Flankengegend.

***Wirkungen:***
Die Übung dehnt die Muskulatur seitlich der Wirbelsäule und den Flankenbereich. Sie kräftigt die Rücken- und schräge Bauchmuskulatur. Durch die Verbesserung der Statik der Wirbelsäule wird auch die allgemeine Haltung korrigiert.

Fettpölsterchen in der Taille verschwinden. Die Lungenwand wird gestärkt, die Atemmuskulatur gekräftigt.

*Berg*

**Dreieckspose**
(Konasana)

***Übungsverlauf:***
Sie stehen aufrecht, die Beine etwa hüftbreit, ein Bein leicht nach auswärts gedreht.

Eine Hand gleitet nun seitlich an dem Bein, welches auswärts gedreht ist, nach unten, die andere Hand heben Sie mit gestrecktem Arm über den Kopf. Beugen Sie Ihren Oberkörper zur Seite, und wandern Sie mit der Hand so weit Sie können am Bein nach unten.

Achten Sie darauf, daß Sie sich wirklich genau zur Seite beugen und mit dem Becken nicht ausweichen. Die Knie bleiben gestreckt. Den Kopf lassen Sie zwischen den Armen, der Blick ist nach vorne gerichtet.

Beugen Sie sich so tief wie möglich, halten Sie die Position eine Weile, atmen Sie gleichmäßig ein und aus.

***Wichtig:***
Gehen Sie langsam in die Dehnungsstellung und nur so weit, wie es Ihnen keine Schmerzen bereitet. Führen Sie die Übung auf keinen Fall ruckartig aus!

Überprüfen Sie zwischendurch Ihre Haltung, und achten Sie darauf, daß Sie nicht im Hohlkreuz stehen.

***Wirkungen:***
Die Übung dient der Dehnung der Flankenmuskulatur und der Kräftigung von Rücken- und schräger Bauchmuskulatur. Die Wirbelsäule wird seitlich gestreckt, eine Flankenatmung bewirkt. Fettpölsterchen an den Hüften werden abgebaut, dieTaille wird schlanker.

Leber, Lunge und andere innere Organe werden massiert.

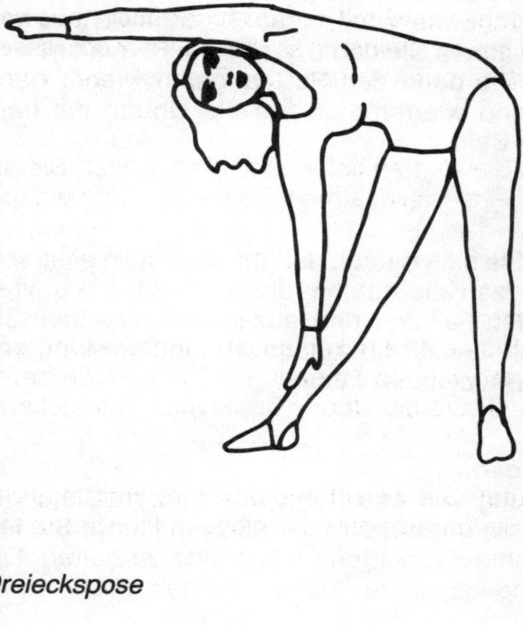

*Dreieckspose*

## Baum
(Ekapadasana)

***Übungsverlauf:***
Sie stehen, die Beine gestreckt, die Füße geschlossen. Beugen Sie nun das rechte Bein an, und bringen Sie die Fußsohle des rechten Beines so hoch wie möglich an Ihren linken Oberschenkel. Setzen Sie den Fuß so weit wie möglich oben auf, versuchen Sie, die Ferse im Schritt zu haben. Das Knie drehen Sie nach außen, es sollte genau zur Seite zeigen.

Ihre Arme nehmen Sie vor der Brust zusammen, die Hände halten Sie in Gebetspose. Versuchen Sie, so lange wie möglich das Gleichgewicht zu halten, und atmen Sie dabei ganz bewußt aus und ein. Führen Sie dann den Fuß langsam wieder nach unten, und wiederholen Sie die Übung mit dem anderen Bein.

***Wichtig:***
Achten Sie bitte darauf, daß Ihr Standbein gestreckt ist und das Knie durchgedrückt bleibt. Sie sollten auf keinen Fall im Hohlkreuz stehen, spannen Sie daher die Gesäßmuskulatur an, und kontrahieren Sie die Bauchmuskulatur.

***Wirkungen:***
Die Übung verbessert vor allem Ihren Gleichgewichtssinn und schult Ihre Körperhaltung. Sie lernen, sich aufzurichten und gerade zu halten. Die Bein- und Gesäßmuskulatur wird gekräftigt.

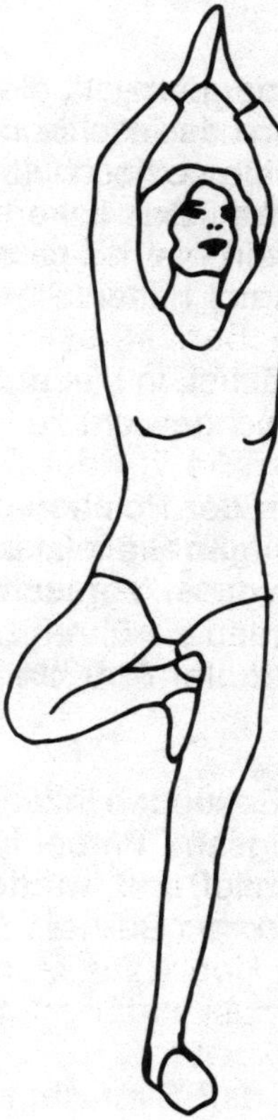

*Baum*

## Storch
(Ardha-baddha-pada-uttansana)

***Übungsverlauf:***
Sie stehen, die Beine gestreckt, die Füße geschlossen. Beugen Sie nun das linke Bein, greifen Sie den Fuß, und legen Sie ihn so hoch wie möglich auf den rechten Oberschenkel. Das linke Knie sollte dabei auf gleicher Höhe sein wie das rechte und nicht vorragen. Den Oberkörper halten Sie ganz aufrecht.

Versuchen Sie zunächst, in dieser Stellung ruhig zu stehen und das Gleichgewicht zu halten.

Gelingt es Ihnen, in der Position ohne zu wackeln zu stehen, dann beugen Sie jetzt bitte langsam den Oberkörper nach vorne. Versuchen Sie, mit den Händen den Boden zu berühren und den Kopf bis ans Knie zu bringen. Ihr Fuß bleibt dabei fest am Oberschenkel.

Bleiben Sie einige Sekunden in dieser Stellung, und rollen Sie dann langsam, Wirbel für Wirbel, wieder nach oben. Anschließend wiederholen Sie die Übung mit dem anderen Bein als Standbein.

***Wichtig:***
Achten Sie darauf, daß Sie nicht im Hohlkreuz stehen, und spannen Sie daher die Gesäßmuskulatur an, wenn Sie aufrecht stehen.

Die Bewegung nach unten sollte oberhalb der Taille erfolgen, beugen Sie also die Wirbelsäule und versuchen Sie, mit dem Becken nicht auszuweichen.

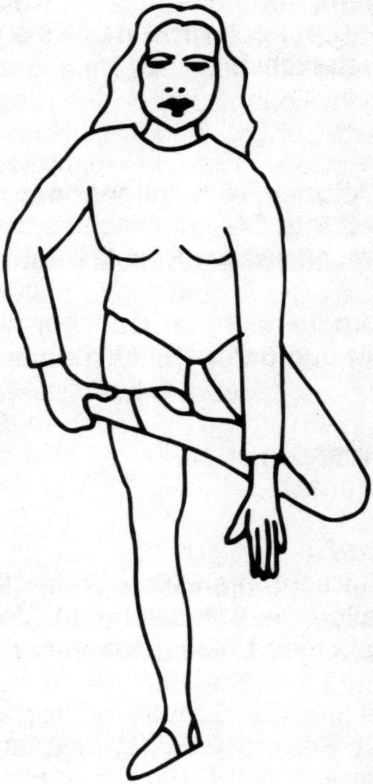

*Storch*

Rollen Sie langsam, Wirbel für Wirbel, nach unten und auch wieder nach oben. Das Standbein bleibt gestreckt. Beugen Sie sich nur so weit nach unten, wie es Ihnen mit durchgestreckten Knien möglich ist. Wenn Ihr Kopf noch nicht das Knie berührt, so macht das auch nichts.

***Wirkungen:***
Die Übung eignet sich besonders gut dazu, Standfestigkeit und Gleichgewichtssinn zu trainieren, die Beinmuskulatur wird gekräftigt.

Durch die Kompression der Bauchorgane werden diese massiert und deren Funktionen angeregt.

**Brust-Expander**
(Parsvottanasana)

***Übungsverlauf:***
Sie stehen aufrecht, die Beine gestreckt und etwa hüftbreit parallel. Die Arme nehmen Sie hinter den Körper und falten dort die Hände zum Flechtgriff.

Drücken Sie nun die Schulterblätter zusammen, und spannen Sie die Gesäßmuskulatur fest an. Achten Sie darauf, daß Sie nicht im Hohlkreuz stehen. Neigen Sie jetzt den Oberkörper nach hinten, so weit Sie können, und schieben Sie dabei das Becken nach vorne; die Gesäßmuskulatur ist immer noch angespannt! Den Kopf lassen Sie ganz locker mit nach hinten fallen. Die Arme strecken Sie hinter dem Körper, und ziehen Sie nach oben, in Richtung Kopf, so weit es geht.

Aus dieser Stellung beugen Sie nun langsam den Oberkörper nach vorne, der Kopf fällt ebenfalls nach vorne. Die gestreckten Arme bleiben in ihrer Position und ziehen jetzt in Richtung Boden.

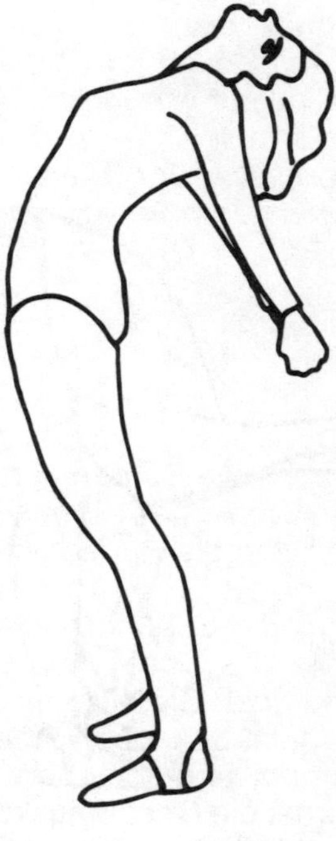

*Brust-Expander*

Lassen Sie den Oberkörper ganz schwer nach unten hängen, und versuchen Sie, mit den Händen den Boden zu berühren. Dehnen Sie so weit nach unten wie möglich, aber vermeiden Sie jedes Nachfedern. Verharren Sie etwa 10 Sekunden in dieser Stellung, und rollen Sie dann langsam, Wirbel für Wirbel wieder nach oben. Entspannen Sie sich, und wiederholen Sie die Übung.

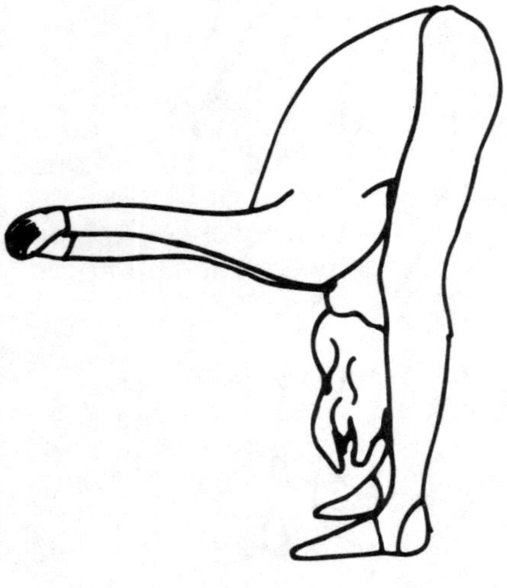

*Brust-Expander*

***Wichtig:***
Ihre Knie sollten während der ganzen Übung durchgedrückt bleiben.

Achten Sie darauf, daß Sie nicht im Hohlkreuz stehen, und halten Sie die Gesäßmuskulatur immer angespannt. Rollen Sie ganz langsam und bewußt nach unten, bewegen Sie die gesamte Wirbelsäule durch.

Beugen Sie sich auch nur so weit nach unten, wie Sie Ihr Körpergewicht zieht, und versuchen Sie nicht, durch ruckartiges Nachfedern noch weiter nach unten zu kommen.

***Wirkungen:***
Die Übung dehnt die Brustmuskulatur und mildert Spannungen im Schultergürtel und Nackenbereich. Sie dehnt die Muskulatur im Schulterbereich und vergrößert damit die Beweglichkeit im Schultergelenk. Die hintere Beinmuskulatur wird ebenfalls gedehnt.

Durch das Beugen nach vorne werden die Bauchorgane komprimiert und massiert. Die Eingeweide werden sozusagen »ausgequetscht«, was sich positiv auf Darmtätigkeit und Verdauung auswirkt.

Leber, Nieren und Blase werden günstig beeinflußt. Die Darmperistaltik wird aktiviert.

Der Brust-Expander bewirkt außerdem eine bessere Blutzirkulation in Kopf und Gehirn, fördert also die Durchblutung des Kopfes.

## Gehobene-Hände-Haltung
(Urdhwa Hastasana)

***Übungsverlauf:***
Legen Sie sich auf den Rücken, die Beine gestreckt und geschlossen, die Arme nehmen Sie gestreckt über den Kopf.
Achten Sie bitte darauf, daß Ihre ganze Wirbelsäule am Boden liegt, vermeiden Sie ein Hohlkreuz. Sie sollten Ihren Körper maximal strecken und das Gefühl haben, daß jemand Sie auseinanderzieht.

Atmen Sie tief ein. Mit Beginn des Ausatmens spannen Sie die Bauchmuskulatur an und heben den Oberkörper, so daß Sie zum Sitzen kommen.

Strecken Sie den Rücken, und lassen Sie die Arme über dem Kopf. Wenn es Ihnen gelingt, so lassen Sie bitte die Beine fest am Boden liegen, während Sie hochrollen. Atmen Sie im Sitzen ein, und senken Sie den Oberkörper dann langsam wieder.

Rollen Sie Wirbel für Wirbel wieder nach unten, und versuchen Sie, bis zuletzt die Spannung zu halten. Die Arme bleiben über dem Kopf. Atmen Sie immer im gleichen Rhythmus: Ausatmen beim Aufsetzen und Einatmen beim Hinlegen.

Wiederholen Sie die Übung ruhig mehrmals hintereinander.

***Wichtig:***
Wenn Sie das Aufsetzen nicht schaffen, versuchen Sie bitte nicht mit Schwung zu arbeiten. Nehmen

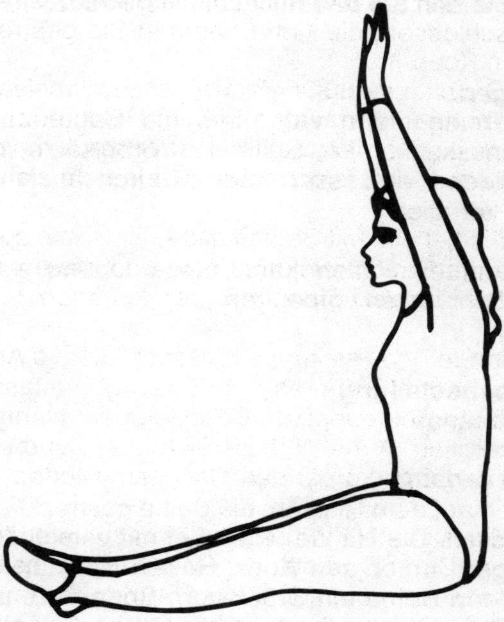

*Gehobene-Hände-Haltung*

Sie dazu Ihren Partner zu Hilfe, der Ihre Beine ein klein wenig festhält oder klemmen sie ihre Beine unter einen schweren Schrank. Mit der Zeit sollten Sie das Hochrollen jedoch ohne jede Hilfe schaffen. Vermeiden Sie unbedingt ein Hohlkreuz!

***Wirkungen:***
Diese Übung stärkt vor allem die Bauch- und Rückenmuskulatur. Die Statik der Wirbelsäule wird entscheidend verbessert und dadurch auch die Haltung korrigiert.

In bestimmten Fällen kann diese Übung auch Ischias-Schmerzen vorbeugen.

**Körperhebestellung**
(Arohanasana)

***Übungsverlauf:***
Sie liegen auf dem Rücken, die Beine gestreckt und geschlossen. Die Hände legen Sie mit verschränkten Fingern unter den Kopf. Heben Sie nun die gestreckten Beine ein Stück vom Boden ab, und halten Sie sie dort. Gleichzeitig heben Sie auch Kopf, Nacken und Schultern. Bleiben Sie in dieser Stellung einige Sekunden, und kehren Sie dann langsam in die Ausgangsposition zurück.

Achten Sie bitte darauf, daß Sie nie im Hohlkreuz liegen! Vor allem dann, wenn Sie die Beine wieder absenken, rollen Sie Wirbel für Wirbel wieder nach unten und lassen sich nicht zurück zum Boden plumpsen. Atmen Sie während der Halteposition ganz normal weiter. Preßatmung unbedingt vermeiden.

***Wirkungen:***
Diese Übung dient vor allem der Kräftigung der Bauchmuskulatur und stärkt die Beckengegend.

Durch die Haltearbeit der Bauchmuskulatur wird auch die Verdauung angeregt.

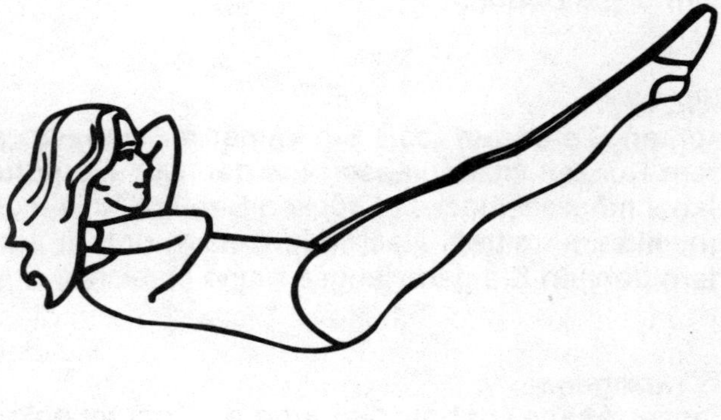

*Körperhebestellung*

## Knie- und Schenkel-Streckung
(Baddha Konasana)

***Übungsverlauf:***
Setzen Sie sich mit gestreckten Beinen und ganz geradem Rücken auf den Boden. Nun winkeln Sie die Beine an und legen die Fußsohlen aneinander. Umfassen Sie mit den Händen Ihre Füße, und ziehen Sie diese so weit wie möglich an Ihren Körper. Wenn Sie es schaffen, sollten die Fersen den Schritt berühren.

Spreizen Sie die Knie so weit es geht auseinander, und versuchen Sie, sie bis auf den Boden zu bekommen. Bleiben Sie etwa 5 bis 30 Sekunden in dieser Stellung, dann strecken Sie langsam die Beine und lockern sie ein wenig. Wiederholen Sie bitte diese Übung.

***Wichtig:***
Achten Sie darauf, daß Sie immer mit ganz geradem Rücken sitzen, lassen Sie den Schultergürtel dabei möglichst locker. Drücken Sie Ihre Knie nicht gewaltsam, mittels Nachfedern nach unten, sondern dehnen Sie ganz langsam und vorsichtig.

***Wirkungen:***
Diese Asana dehnt die innere Oberschenkelmuskulatur und verbessert die Beweglichkeit des Hüftgelenks.

Die Nierentätigkeit wird angeregt, Blasenbeschwerden verschwinden. Bei Frauen wird die

Funktion der Eierstöcke angeregt, Menstruationsbeschwerden wird entgegengewirkt.

Der Rücken streckt sich, vor allem im Lendenwirbelbereich, was die allgemeine Haltung verbessert.

*Knie- und Schenkel-Streckung*

## Übungen für die Wirbelsäule

Zum körperlichen Wohlbefinden gehört vor allem eine intakte Wirbelsäule. Sie sollten besonders darauf achten, daß sie elastisch und schwingungsfähig bleibt. Vor allem eine schlechte Haltung und eine schwache Rückenmuskulatur sind es, die spätere Schäden wie Hexenschuß, Ischias und Bandscheibenschäden heraufbeschwören. Sehr häufig quälen uns Muskelschmerzen, Folge eines Mißverhältnisses von Belastung und Belastbarkeit.

Bis zu einem gewissen Grad drehen und strecken wir unsere Wirbelsäule täglich, aber vor allem die unteren Wirbel werden nur selten bewegt. Dementsprechend mangelhaft ist auch die Blutzirkulation in diesem Bereich.

Versuchen Sie daher mit ein paar Übungen täglich, die Unausgewogenheit zwischen Anspannung und Entspannung auszugleichen und die verkrampften Muskeln wieder zu lockern und auch zu kräftigen.

Üben Sie vertikales und seitliches Strecken, ein Strecken nach hinten und nach vorne sowie Drehbewegungen.

Bleiben Sie jedoch nie bei Asanas von nur einer Kategorie, sondern ergänzen Sie z. B. ein Dehnen der Wirbelsäule nach hinten mit einem Beugen des Rückgrates nach vorne.

Wenn Sie bereits Rückenschmerzen haben sollten, lassen Sie sich bitte in jedem Fall erst von einem Facharzt beraten!

## Kopf-zum-Knie-Stellung
(Janu Shirasana)

***Übungsverlauf:***
Sie sitzen am Boden, den Oberkörper gerade aufgerichtet, die Beine gestreckt. Beugen Sie das linke Bein, und legen Sie die linke Fußsohle so hoch wie möglich an den rechten Oberschenkel. Fassen Sie mit Ihren Händen an das gestreckte Bein, und lassen Sie sie ganz langsam daran heruntergleiten.

Beugen Sie sich nach vorne, so weit Sie können, und halten Sie sich dann an Ihrem Bein fest. Je nachdem, wie gelenkig Sie sind, gelangen Sie bis ans Knie, die Wade oder den Fußknöchel.

In dieser Stellung nehmen Sie die Ellbogen leicht nach außen und ziehen den Oberkörper noch ein Stück weiter nach unten. Dehnen Sie vorsichtig und ohne nachzufedern! Ihre Stirn sollte das Knie berühren. Bleiben Sie etwa 5 bis 30 Sekunden in dieser Position, und atmen Sie normal weiter. Gehen Sie nur so weit nach unten, wie es Ihnen ohne Schmerzen möglich ist, und vermeiden Sie jegliches Nachfedern.

Richten Sie sich dann ebenso langsam wieder auf, rollen Sie Wirbel für Wirbel nach oben, und wiederholen Sie die Übung mit dem anderen Bein.

***Wichtig:***
Achten Sie bitte darauf, daß Ihr Knie immer am Boden und das Bein gestreckt bleibt. Versuchen

Sie, nicht gewaltsam und mit ruckartigen Bewegungen nach unten zu federn.

Am Anfang kann Ihnen ein kleiner Trick die Übung erleichtern: Legen Sie ein Tuch oder einen Gürtel um die Fußsohle, und fassen Sie die beiden Enden mit den Händen. Tasten Sie sich nun mittels dieser Schlinge immer näher an Ihren Fuß heran und es wird nicht sehr lange dauern, bis Sie die Zehen erreichen.

*Kopf-zum-Knie-Stellung*

***Wirkungen:***
Diese Asana dehnt die hintere Bein- und Rückenmuskulatur, vor allem im Lendenwirbelbereich. Die Beweglichkeit der einzelnen Wirbel wird verbessert, die Statik der Wirbelsäule korrigiert und damit auch die allgemeine Haltung verbessert.

Die Übung massiert außerdem alle Bauchorgane und fördert deren Funktionen. Sie regt die Darmtätigkeit an, behebt Verstopfungen und wirkt auf Leber, Nieren und die Blase besonders günstig.

**Gespreizte Beinstreckung**
(Prasarita Padotanasana)

***Übungsverlauf:***
Sie sitzen am Boden, den Oberkörper gerade aufgerichtet, die Beine gestreckt, leicht ausgedreht und weit gespreizt.

Richten Sie den Oberkörper auf, und halten Sie den Rücken ganz gerade. Ihre Hände legen Sie auf das jeweilige Bein.

Beugen Sie sich nun nach vorne, und lassen Sie auch den Kopf ganz locker nach vorne hängen. Rollen Sie langsam, Wirbel für Wirbel nach unten, und gleiten Sie mit Ihren Händen dabei ebenfalls am Bein entlang weiter nach unten.

Beugen Sie die Ellbogen leicht nach oben, und versuchen Sie die Wirbelsäule so gut wie möglich zu dehnen. Ihre Stirn sollte den Boden berühren, Ihre Hände schließlich die Fußsohlen umfassen.

Bleiben Sie in dieser Position etwa 10 bis 30 Sekunden, und versuchen Sie dabei, sich zu entspannen und das Gewicht Ihres Körpers nach unten ziehen zu lassen. Anschließend rollen Sie ganz langsam wieder nach oben.

***Wichtig:***
Halten Sie die Knie während der gesamten Dauer der Übung gestreckt; auch Ihre Oberschenkel sollen Bodenkontakt haben.

Gehen Sie nur so weit nach unten, wie es Ihnen ohne Schmerzen möglich ist, und machen Sie keine ruckartigen Bewegungen. Federn Sie nicht nach, sondern dehnen Sie langsam und vorsichtig.

***Wirkungen:***
Diese Asana macht eine steife Wirbelsäule wieder beweglich und dehnt die Rückenmuskulatur vor allem im Bereich der Lendenwirbelsäule. Die Beweglichkeit der einzelnen Wirbel wird verbessert, die Statik der Wirbelsäule korrigiert und damit auch die Haltung verbessert.

Die Übung massiert alle Bauchorgane und fördert deren Funktionen. Sie regt die Darmtätigkeit an, behebt Verstopfungen und wirkt auf die Leber, die Nieren und die Blase besonders günstig.

Die gesamte Beckengegend wird besser durchblutet. Die Übung hilft ganz besonders allen Frauen, da sie die Funktion der Eierstöcke fördert und für eine regelmäßige Menstruation sorgt.

*Gespreizte Beinstreckung*

**Dreieck**
(Trikonasana)

***Übungsverlauf:***
Sie stehen aufrecht, die Beine gespreizt und leicht nach außen gedreht. Die Arme nehmen Sie in Seithalte.

Beugen Sie nun den Oberkörper zur linken Seite, und wandern Sie mit Ihrer linken Hand am Bein entlang nach unten, so weit wie möglich. Achten Sie bitte darauf, daß diese Bewegung genau seitlich erfolgt, und weichen Sie mit dem Becken nicht aus. Den rechten Arm heben Sie mit nach oben, bis er mit dem linken eine Linie bildet.

Blicken Sie nach oben, zur rechten Hand. In einer Variation dieser Übung drehen Sie den Oberkörper nach links und führen den rechten Arm am linken Bein entlang nach unten. Versuchen Sie, mit der rechten Hand den linken Fuß zu berühren. Den Kopf drehen Sie nach links und blicken auf die linke Hand, die Sie nach oben halten. Auch hier sollten rechter und linker Arm eine Linie bilden.

Bleiben Sie etwa 10 bis 30 Sekunden in dieser Haltung, und kehren Sie dann langsam in die Ausgangsposition zurück. Anschließend wiederholen Sie die Übung zur anderen Seite.

***Wichtig:***
Achten Sie darauf, daß Ihr Becken immer gerade bleibt und nicht mitdreht, die Knie bleiben gestreckt! Es ist für die Übung nicht entscheidend, wie weit Sie mit Ihrer Hand nach unten greifen können.

Ihr Schultergürtel sollte möglichst locker sein, ziehen Sie die Schultern auf keinen Fall nach oben.

***Wirkungen:***
Die körperlichen Wirkungen dieser Asana stammen von der Drehung der Wirbelsäule und der wechselseitigen Komprimierung des Unterleibs. Die Übung dehnt die Muskulatur der Wirbelsäule, vor allem am Übergang vom Kreuzbein zum fünften Lendenwirbel.

Ebenfalls gedehnt wird die hintere Beinmuskulatur. Durch die Drehbewegung und das Zusammenpressen jeder Bauchseite werden die Unterleibsorgane massiert und deren Funktion gefördert.

Nieren und Nebennieren werden stimuliert, die Verdauung angeregt. Um im Sinne der Peristaltik zu arbeiten, sollten Sie immer mit der Kompression der rechten Bauchseite beginnen.

*Dreieck*

**Pflug**
(Halasana)

***Übungsverlauf:***
Sie liegen mit ausgestreckten Beinen in Rückenlage auf dem Boden, die Arme neben dem Körper, Handflächen zum Boden.

Unter Anspannung der Bauch- und Beinmuskulatur heben Sie die gestreckten Beine nach oben. Stützen Sie sich mit den Händen ein wenig ab, und heben Sie auch den unteren Teil des Rückens und das Gesäß vom Boden ab. Schieben Sie Ihre Beine über den Kopf, und versuchen Sie, die Zehen am Boden abzustellen. Ziehen Sie das Kinn zum Brustkorb, und versuchen Sie die Füße so weit wie möglich nach hinten zu schieben, damit die Krümmung des Rückens noch verstärkt wird. Bleiben Sie in dieser Stellung etwa 1 Minute.

Aufgelöst wird die Stellung langsam, indem Sie die Knie leicht anbeugen und Wirbel für Wirbel wieder zurückrollen. Wenn die Beine in senkrechter Stellung sind, dann strecken Sie diese, und legen Sie langsam am Boden ab. Dies machen Sie bitte im selben gleichmäßigen Tempo, es darf dabei weder der Körper fallengelassen, noch der Kopf gehoben werden.

***Wichtig:***
Sie sollten wie bei allen Yoga-Übungen mit minimaler Muskelkraft und unter größtmöglicher Entspannung aller nichtbeteiligten Muskelgruppen arbeiten.

Auch wenn Sie Ihre Füße nicht bis zum Boden bringen, lassen Sie sich nicht entmutigen. Gehen Sie so weit nach hinten, wie Sie können, und verharren Sie in dieser Stellung bis es Ihnen unbequem wird.

Achten Sie darauf, daß Ihre Knie durchgedrückt sind, und konzentrieren Sie sich auf die Atmung. Versuchen Sie, Ihre Atmung zu normalisieren, und halten Sie in gar keinem Fall die Luft an!

Schultergürtel, Hals und Gesicht bleiben während der ganzen Übung entspannt. Das Gewicht der Beine sollte als Zug auf die Wirbelsäule wirken; warten Sie, bis die Zehen sich ganz langsam dem Boden nähern. Auch wenn Sie sich anfangs etwas ungemütlich fühlen, versuchen Sie, sich in der Endstellung zu entspannen.

*Pflug*

***Wirkungen:***
Die Pflughaltung verbessert die Beweglichkeit der gesamten Wirbelsäule. Sie dehnt die Rückenmuskulatur und erhöht die Blutzirkulation, vor allem in den Nervenzentren nahe des Rückgrats. Die Bauchmuskulatur wird gestärkt und gefestigt, die Bauchorgane werden massiert. Die Schilddrüse wird komprimiert und besser durchblutet, ihre Funktion wird dadurch normalisiert.

Durch die umgekehrte Stellung wird auch das Gehirn besser durchblutet; so besitzt diese Haltung neben physischen Heilwirkungen auch einen großen Einfluß auf das Nervensystem.

**Fisch**
(Matsyasana)

***Übungsverlauf:***
Sie legen sich mit gestreckten Beinen in Rückenlage auf den Boden, die Arme liegen neben dem Körper, die Handflächen zeigen nach unten.

Winkeln Sie die Ellbogen leicht an. Verlagern Sie jetzt Ihr Gewicht auf Unterarme und Ellbogen, machen Sie ein Hohlkreuz, und drücken Sie den Brustkorb nach vorne und oben. Gleichzeitig beugen Sie den Kopf so weit wie möglich nach hinten, so daß der obere Teil des Kopfes zum Stützpunkt wird. Drücken Sie das Becken so gut wie möglich durch, um einen Bogen zu bilden, der einerseits auf dem Hinterkopf und andererseits auf dem Steißbein ruht. Verharren Sie in dieser Stellung, so lange Sie können und atmen Sie normal weiter.

Lösen Sie die Stellung ganz langsam auf, indem Sie den Rücken entspannen und die Wirbelsäule zum Boden absinken lassen.

***Wichtig:***
Achten Sie besonders im Anfangsstadium darauf, daß Ihr Körpergewicht von Gesäß und Ellbogen getragen wird. Die Atmung verlagert sich in den oberen Teil der Lunge; also konzentrieren Sie sich auf diesen Bereich, spreizen Sie die Rippen, und heben Sie die Schlüsselbeine.

Die Beine bleiben während der gesamten Übung gestreckt.

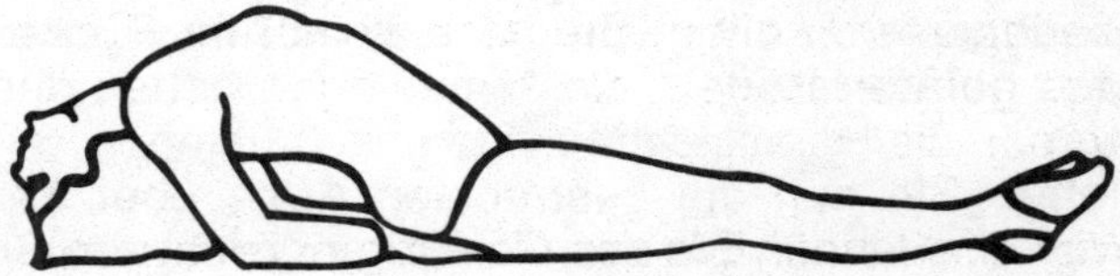

*Fisch*

***Wirkungen:***
Matsyasana wirkt in erster Linie auf den Brustkorb. Die Stellung wirkt gegen einen Rundrücken und einen zu engen Brustkorb. Damit werden besonders die oberen Lappen der Lungen, vor allem die Partien unter den Schlüsselbeinen, besser durchlüftet.

Die Fischhaltung dehnt die Bauchmuskulatur und den Unterleib und stärkt die Eingeweide der Bauchhöhle, insbesondere auch die Geschlechtsorgane. Die Zone des »Plexus solaris« wird durch die Dehnung des Unterleibs entspannt.

**Zange**
(Paschimottanasana)

***Übungsverlauf:***
Sie sitzen am Boden, die Beine gestreckt und geschlossen. Achten Sie darauf, daß ihr Rücken ganz gerade ist.

Heben Sie nun die gestreckten Arme über den Kopf, und lehnen Sie den Oberkörper leicht zurück. Dann rollen Sie, Wirbel für Wirbel, langsam nach vorne. Greifen Sie mit den Händen an Ihre Beine, umfassen Sie diese, und versuchen Sie, mit der Stirn die Knie zu berühren. Mit den Händen nähern Sie sich jetzt langsam den Füßen, dabei wird auch der Kopf wo weit wie möglich gegen die Füße geführt, die Brust legt sich auf die Beine.

Verharren Sie in dieser Stellung 10 bis 30 Sekunden, und atmen Sie normal weiter.

Anschließend richten Sie sich ganz langsam wieder auf, indem Sie Wirbel für Wirbel nach oben rollen.

***Wichtig:***
Achten Sie darauf, keine ruckartigen Bewegungen auszuführen. Wippendes Nachfedern, um mit der Stirn die Knie zu erreichen, ist strikt verboten!

Neigen Sie sich nur so weit nach vorne, wie es Ihnen ohne Schmerzen möglich ist. Die Beine bleiben während der ganzen Übung gestreckt, die Knie durchgedrückt.

Atmen Sie regelmäßig, und halten Sie keinesfalls die Luft an. Während Ihr Oberkörper auf den Knien ruht, versuchen Sie, sich bei jeder Ausatmung mehr zu entspannen und sich jeweils ein wenig nach vorne zu beugen.

Richten Sie sich ganz langsam auf!

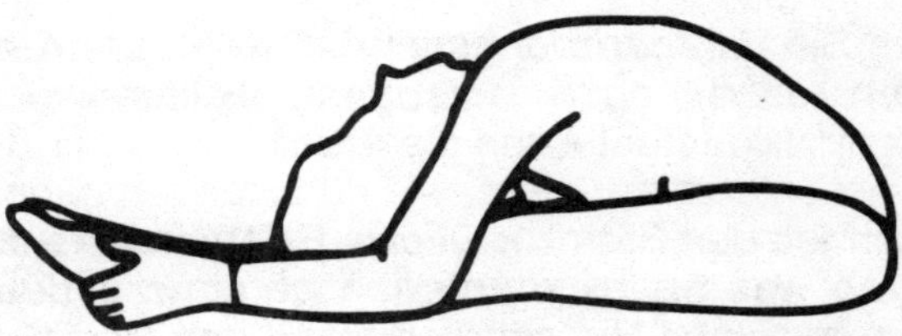

*Zange*

***Wirkungen:***
Die sehr starke Dehnung der Muskulatur im Bereich der Wirbelsäule fördert die Durchblutung des Rückenmarks. Muskeln und Sehnen der Beine werden gedehnt, in bestimmten Fällen entlastet diese Stellung den Ischias. Die Organe der Bauchhöhle werden zusammengepreßt, dadurch wird die Blutzirkulation verbessert. Das Fett der Bauchgegend wird abgebaut.

Die Beweglichkeit der einzelnen Wirbel erhöht sich, und die Verbesserung der Statik der Wirbelsäule korrigiert die Körperhaltung.

**Kobra**
(Bhuyangasana)

***Übungsverlauf:***
Legen Sie sich auf den Bauch, die Beine gestreckt und geschlossen. Die Arme sind gebeugt, die Hände liegen knapp neben den Schultern, die Ellbogen sind dicht am Körper. Den Kopf legen Sie mit der Stirn am Boden auf.

Heben Sie nun ganz langsam den Kopf. Die Arme bleiben dabei noch entspannt, Rücken- und Nackenmuskulatur leisten die Arbeit.

Richten Sie den Blick zur Decke. Erst wenn Sie den Kopf, so weit Sie es konnten, nach oben gebeugt haben, beginnen Sie sehr langsam, den Rumpf zu heben. Machen Sie ein Hohlkreuz, und versuchen Sie, die Wirbelsäule immer mehr zu biegen; die Arme brauchen Sie dabei nicht zu strecken.

Das Becken bleibt fest am Boden. Maximal nach hinten gebeugt, verharren Sie etwa 5 bis 30 Sekunden. Versuchen Sie, mehr die Kraft der Rücken- und Bauchmuskulatur in Anspruch zu nehmen als Ihre Armmuskulatur. Gesäß, Oberschenkel und Waden sollten ganz entspannt bleiben! Die Füße können Sie in dieser Position leicht spreizen und sie von sich aus ihre ganz natürliche Stellung einnehmen lassen.

Beim Zurückkehren in die Ausgangsposition sollten Sie spüren, wie sich ganz langsam ein Wirbel nach dem anderen zurückrollt. Ihr Kopf bleibt bis zum Schluß erhoben.

*Kobra*

***Wichtig:***
Lassen Sie den Hals nicht zwischen die Schultern fallen, sondern heben Sie den Kopf, lassen Sie die Schultern herunterhängen, und steigern Sie damit die Krümmung der Wirbelsäule auf ein Maximum.

Die Arme sind selbst in der Schlußphase nie ganz gestreckt. Ist dies dennoch der Fall, so bedeutet das, daß Ihre Hände zu Beginn der Übung nicht am richtigen Platz waren.

Ihre Gedanken sollten dem sich der Wirbelsäule entlang entwickelnden Druck Wirbel für Wirbel folgen. Konzentrieren Sie sich ganz auf diese Bewegung.

***Wirkungen:***
Diese Asana verbessert die Beweglichkeit der Wirbelsäule und damit auch die Statik. Die Nerven im Rückenmark werden stimuliert.

Durch die abwechselnde Kompression und Dehnung des Bauches wird der Verdauungsapparat günstig beeinflußt. Während alle im vorderen Bauchraum liegenden Organe und Muskeln gestreckt werden, werden die hinten liegenden komprimiert. Bauch- und Rückenmuskulatur werden gekräftigt, das Gesäß gefestigt.

Die »Kobra« läßt Ihre Wirbelsäule arbeiten, und gibt Ihnen neben einer guten Haltung auch ein Gefühl der Sicherheit und Wohlproportioniertheit. Unser Nervensystem kann nur dann richtig funktionieren, solange die Wirbelsäule geschmeidig bleibt.

**Heuschrecke**
(Salabhasana)
**Halbe Heuschrecke**
(Ardha-Salabhasana)

***Übungsverlauf:***
Sie liegen auf dem Bauch, die Beine gestreckt und geschlossen. Die Arme liegen am Körper, die Handflächen auf dem Boden. Es ist wichtig, daß Sie während der Übung die Arme von der Schulter bis zu den Fingerspitzen immer am Boden halten.

Das Kinn legen Sie auf den Boden, und schieben es so weit wie möglich nach vorne, um damit den Hals zu dehnen und den Nacken zu komprimieren.

Heben Sie nun langsam ein Bein so hoch wie möglich vom Boden ab. Bedienen Sie sich des jeweiligen Armes als Stütze, achten Sie jedoch darauf, daß sich ein guter Teil des Gewichtes auf Ihren Unterkörper überträgt.

Sie sollten bei Ausführung der Übung immer nur mit einer Körperseite arbeiten und die andere so gut wie möglich entspannen. Wenn sich also das linke Bein hebt, stützen Sie sich auf den linken Arm und spannen die Muskulatur der linken Körperseite an.

Halten Sie das gehobene Bein gestreckt, spannen Sie die Waden an, und strecken Sie die Zehenspitzen. Stützen Sie sich nicht auf das entgegengesetzte Knie!

Halten Sie das Bein etwa 10 Sekunden, und senken Sie es dann langsam wieder zum Boden ab.

Wiederholen Sie die Übung mit dem anderen Bein. Achten Sie darauf, daß Brustkorb, Arme und Hände auf dem Boden bleiben!

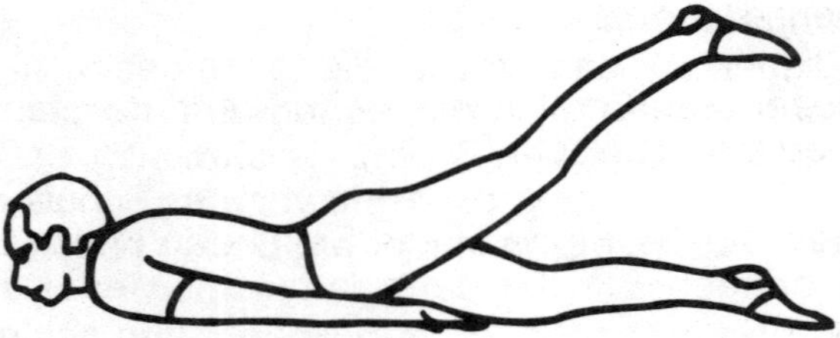

*Halbe Heuschrecke*

**Vollständige Heuschrecke**
(Salabhasana)

***Übungsverlauf:***
Die Ausgangsstellung ist dieselbe wie bei der halben Heuschrecke: Sie liegen auf dem Bauch, die Beine gestreckt und geschlossen. Die Arme liegen am Körper, die Handflächen auf dem Boden. Es ist wichtig, daß Sie während der Übung die Arme von der Schulter bis zu den Fingerspitzen immer am Boden halten. Sie heben jedoch nun beide Beine gleichzeitig hoch.

Mit einer kräftigen Kontraktion der Muskeln des unteren Rückens heben Sie die Beine an. Je mehr

Sie die Handflächen am Boden aufdrücken, desto höher können Sie die Beine heben.

Halten Sie Ihre Beine gestreckt, aber vermeiden Sie es, nun die Wadenmuskeln anzuspannen oder die Zehenspitzen zu strecken.

Schulter und Kinn lassen Sie während der ganzen Bewegung am Boden!

Halten Sie die Beine einige Sekunden in der Luft, und bringen Sie sie dann langsam wieder zum Boden.

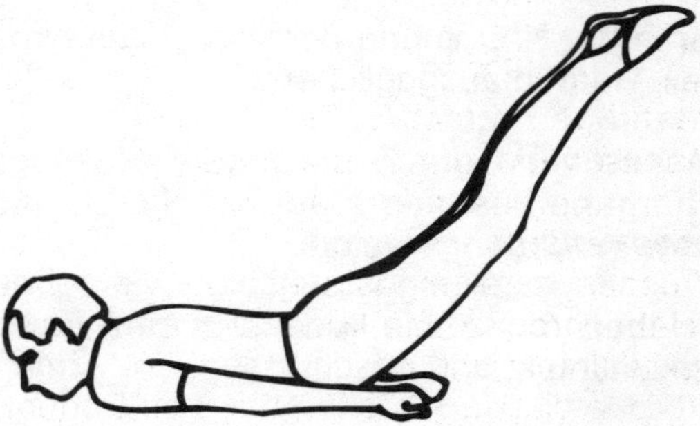

*Vollständige Heuschrecke*

***Wichtig:***
In allen beiden Salabhasana-Stellungen sollten Sie normal weiteratmen. Das ist schwieriger als bei anderen Übungen, aber konzentrieren Sie sich darauf!

Richten Sie Ihre Aufmerksamkeit auf die Muskulatur des unteren Rückens, welche die meiste Arbeit leistet.

***Wirkungen:***
Durch das Zusammenziehen der Muskulatur im unteren Rücken wird die Blutzufuhr dort gesteigert.

Die Beckengegend mit dem Parasympathikus und die Beckenmuskulatur werden gestärkt.

Fehler in der Krümmung der Wirbelsäule im unteren Teil werden ausgeglichen.

Die Asana wirkt durch die innere Massage der Bauchorgane besonders auf die Nieren und das gesamte Verdauungssystem.

Das Heben der Beine wirkt sich positiv auf die Blutzirkulation aus.

Überschüssiges venöses Blut wird aus den Venen der Beine abgeführt, somit Krampfadern vorgebeugt. Das arterielle Blut muß gegen die Schwerkraft ankämpfen und begünstigt daher auch den unteren Bauchraum. Die Blutzufuhr wird dort entscheidend verbessert.

## Bogen
(Dhanurasana)

***Übungsverlauf:***
Sie liegen flach auf dem Bauch, die Arme längs neben dem Körper. Winkeln Sie nun Ihre Knie ab, und greifen Sie mit den Händen nach hinten zu den Fußknöcheln; fassen Sie zuerst den rechten, dann den linken. Die Daumen legen sich dabei an die anderen Finger an.

Heben Sie jetzt das Kinn und den Oberkörper, und versuchen Sie, die Unterschenkel nach oben zu strecken. Durch das Wegziehen der Knöchel von den Händen nach oben, heben sich die Knie vom Boden ab.

Der Körper sollte allein auf der Nabelgegend ruhen. Bleiben Sie anfangs etwa 10 Sekunden in dieser Stellung, dann steigern Sie sich auf 30 Sekunden.

In die Ausgangsstellung kehren Sie bitte ganz langsam zurück und entspannen sich dann.

Konzentrieren Sie sich bitte während der ganzen Übung auf die Entspannung Ihres Rückens.

***Wichtig:***
Die Knie können Sie zur Erleichterung dieser Asana spreizen, Sie sollten jedoch darauf achten, daß sich die großen Zehen berühren, da nur dann auch die Beine gleich weit vom Boden abgehoben werden. Dies ist besonders wichtig, um in der idealen Achse der Wirbelsäule zu arbeiten.

In die Ausgangsposition lassen Sie sich bitte auf gar keinen Fall »zurückschnellen«!

Achten Sie darauf, daß Ihr Körpergewicht vom Bauch getragen wird.

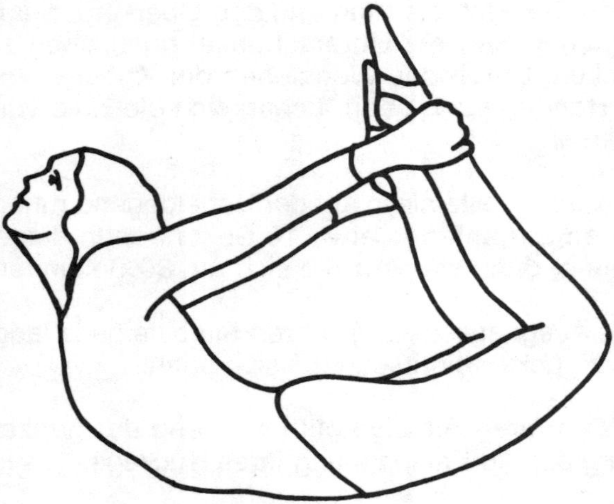

*Bogen*

***Wirkungen:***
Diese Übung hat eine sehr große Wirkung auf Ihre Wirbelsäule. Durch das Zusammenziehen aller Rückenmuskeln und des Schultergürtels wird die Wirbelsäule gestärkt und die Brustmuskulatur gedehnt, einem Rundrücken wird entgegengewirkt. Die Bauchmuskulatur wird ebenfalls gedehnt.

Der Bogen wirkt anregend auf die Funktion der Nebenniere und der Bauchspeicheldrüse. Die Blutzirkulation im gesamten Verdauungsapparat wird verbessert, da der intra-abdominale Druck ansteigt und die Bauchorgane massiert werden.

Das Nervengeflecht des »Plexus solaris« wird angeregt, die Atmung verstärkt sich.

**Rad**
(Chakrasana)

***Übungsverlauf:***
Diese Haltung wird bei uns auch »Brücke«. genannt.

Sie liegen auf dem Rücken, die Beine aufgestellt, etwa hüftbreit auseinander. Setzen Sie die Füße so nah wie möglich an Ihrem Gesäß auf.

Die Hände stützen Sie neben dem Kopf am Boden auf: Die Fingerspitzen zeigen gegen Ihre Schultern, die Ellbogen ragen nach oben.

Drücken Sie nun mit Händen und Füßen kräftig gegen den Boden, und stemmen Sie den Körper nach oben. Versuchen Sie, die Arme ganz zu strecken, und wandern Sie mit den Händen so nah wie möglich zu Ihren Füßen. Bleiben Sie etwa drei Minuten in dieser Haltung, und senken Sie den Körper dann ganz langsam wieder zum Boden ab.

Zum Ausgleich machen Sie anschließend die Übung »Virasana, Zusammengerolltes Blatt«.

***Wichtig:***
Drücken Sie Ihren Körper immer langsam und gleichmäßig nach oben, zuerst heben Sie das Gesäß, dann den Oberkörper. Versuchen Sie, nicht mit Schwung zu arbeiten!

Gelingt Ihnen die Übung nicht, so versuchen Sie es vielleicht zuerst einmal mit dem »Bogen«, um der Wirbelsäule die nötige Flexibilität zu geben. Lassen Sie den Kopf ganz entspannt nach unten hängen, und atmen Sie gleichmäßig weiter.

***Wirkungen:***
Das Rad dehnt die Brustmuskulatur und richtet einen runden Rücken wieder auf. Die Übung beugt einer Wirbelsäulenversteifung vor, vor allem am Übergang vom Kreuzbein zu den Lendenwirbeln.

Die Dehnung der Bauchmuskulatur und eine Massage, das Ergebnis einer tiefen Zwerchfellatmung, stimulieren den »Plexus solaris«.

Ferner wird die Blutzirkulation im ganzen Verdauungsapparat aktiviert.

Das Rad bekämpft Verstopfung und regt die Darmperistaltik an. Fettansätze, begünstigt durch ungenügende Atmung, allgemeine nervöse Spannungen, reduzierte Zirkulation in den Fettgeweben und schlechte Nahrungsverwertung werden bekämpft.

Durch Kräftigung der Atemmuskulatur kann die Chakrasana-Übung auch für Asthmakranke Erleichterung bringen.

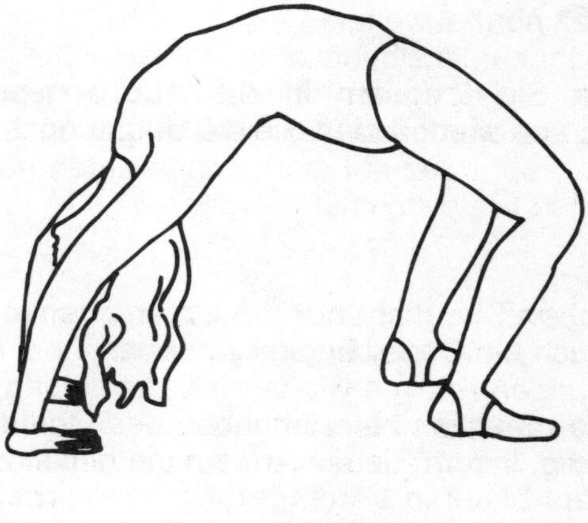

*Rad*

## Kanu
(Naukasana)

***Übungsverlauf:***
Sie liegen auf dem Bauch, die Beine gestreckt und geschlossen, die Arme neben dem Körper. Nehmen Sie Ihre Arme nach hinten auf den Rücken, und umfassen Sie mit der einen Hand das Handgelenk der anderen Hand.

Spannen Sie jetzt Bein- und Rückenmuskulatur an, und heben Sie Beine, Brust und Kopf so weit wie möglich vom Boden ab.

Bleiben Sie kurze Zeit in dieser Haltung, und atmen Sie ganz normal weiter.

Kehren Sie langsam in die Ausgangsposition zurück, und wiederholen Sie die Übung noch mehrmals.

***Wichtig:***
Versuchen Sie, nicht nur die Unterschenkel, sondern auch die Oberschenkel zu heben.

Behelfen Sie sich beim Abheben des Oberkörpers ein wenig, indem Sie die Arme nach hinten ziehen. Der Kopf bleibt in Verlängerung der Wirbelsäule, und Sie blicken nach unten zum Boden.

***Wirkungen:***
Die Übung dient vor allem der Kräftigung der Rückenmuskulatur.

Das Ansteigen des Druckes im Bauchraum wirkt allgemein auf das Verdauungssystem. Die Blutzirkulation wird aktiviert, die Peristaltik angeregt. Nieren und Leber werden vermehrt durchblutet, Verstopfungen vorgebeugt. Fettansätze am Bauch verschwinden. Der »Plexus solaris« wird angeregt.

Vermeiden Sie es bitte, die Übung mit vollem Magen zu machen!

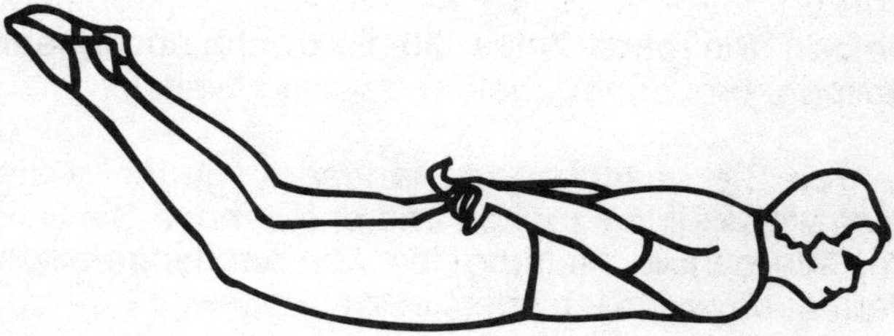

*Kanu*

## Liegende Festhaltung
(Suptavajrasana)

***Übungsverlauf:***
Knien Sie sich auf den Boden, und setzen Sie sich zurück auf die Fersen. Die Knie halten Sie zusammen, der Rücken ist gerade, die Arme lassen Sie locker neben dem Körper hängen.

Stützen Sie dann Ihre Hände, etwa in Schulterbreite, hinter dem Rücken am Boden auf. Die Fingerspitzen zeigen nach unten, die Arme bleiben gestreckt. Lassen Sie den Kopf ganz entspannt nach hinten hängen.

Jetzt heben Sie das Gesäß langsam nach oben und drücken das Becken durch, so weit Sie können.

Bleiben Sie etwa 5 bis 30 Sekunden in dieser Stellung, und atmen Sie ganz normal weiter.

Kehren Sie anschließend langsam wieder in die Ausgangsstellung zurück, und entspannen Sie sich eine Weile in der Haltung des »Zusammengerollten Blattes, Virasana«.

Dabei kauern Sie sich zusammen, legen Ihren Oberkörper auf die Knie, das Gesäß ruht wieder auf den Fersen, der Kopf am Boden, die Arme legen Sie nach hinten.

Wenn Sie die Übung beherrschen, können Sie versuchen, die Arme abzuknicken und sich auf die Unterarme zu legen.

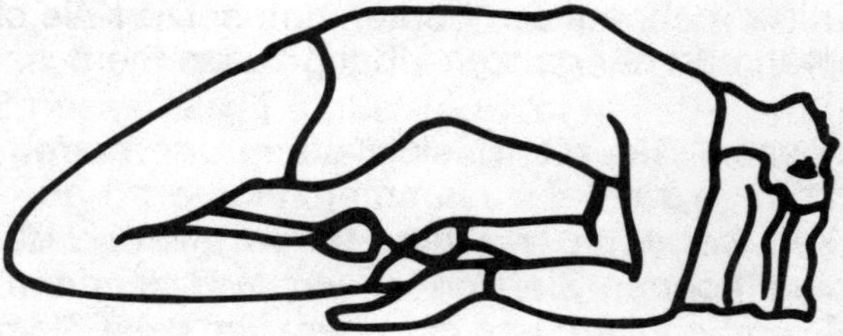

*Liegende Festhaltung*

***Wichtig:***
Achten Sie bitte darauf, daß Sie nicht zu sehr ins Hohlkreuz fallen, und heben Sie daher Ihr Becken immer so weit wie möglich nach oben. Ihr Gesäß darf nicht mehr auf den Fersen ruhen! Die Knie bleiben während der ganzen Übung zusammen.

Vergessen Sie nicht, sich nach der extremen Rückbeuge wieder zusammenzukauern und den Rücken dabei zu runden. Im fortgeschrittenen Stadium können Sie sich so weit zurücklegen, bis Kopf und Schultern und der obere Teil des Rückens am Boden zu liegen kommen.

***Wirkungen:***
Die Übung dehnt die Oberschenkelmuskulatur und die Muskulatur in der Leistengegend. Füße und Fußknöchel werden gestreckt und entspannt.

Innersekretorische Drüsen (endokrine Drüsen), so zum Beispiel die Bauchspeicheldrüse und die Nebenniere werden angeregt, die Unterleibsorgane werden besser durchblutet und in ihrer Funktion ebenfalls angeregt.

Die Übung ist besonders für Frauen geeignet und kann bei Frauenleiden Linderung bringen.

**Kamel**
(Ustrasana)

***Übungsverlauf:***
Knien Sie sich auf den Boden, die Knie bleiben geschlossen. Legen Sie den Kopf so weit es geht nach hinten in den Nacken, stützen Sie die Hände in die Taille, und beugen Sie auch den Oberkörper nach hinten. Spannen Sie dabei die Gesäßmuskulatur fest an, und drücken Sie das Becken nach vorne.

Lassen Sie jetzt die Arme nach unten hängen, und umfassen Sie mit den Händen Ihre Fußsohlen. Die Arme bleiben gestreckt und versuchen, das Körpergewicht so gut wie möglich abzustützen.

Verharren Sie etwa 5 bis 30 Sekunden in dieser Haltung, und atmen Sie so normal wie möglich weiter, dann lösen Sie die Stellung langsam auf und kehren in die Ausgangsposition zurück.

***Wichtig:***
Wenn Sie Brust und Becken weit nach vorne strecken, fällt es Ihnen leichter, sich nach hinten zu beugen.

Gehen Sie aber immer nur so weit, wie es Ihnen ohne Schmerzen möglich ist.

Wenn Sie mit den Händen nicht gleich Ihre Fußsohlen berühren können, bleiben Sie bitte dennoch einige Zeit in der Rückbeuge und versuchen, sich durch das Gewicht der Arme noch ein Stück weiter nach unten ziehen zu lassen. Spannen Sie die Gesäßmuskulatur immer fest an.

***Wirkungen:***
Das Kamel richtet einen runden Rücken wieder auf und macht die Wirbelsäule gelenkig.

Sämtliche Rückenmuskeln, angefangen vom Nacken bis hin zum Becken, werden besser durchblutet und gekräftigt.

*Kamel*

**Drehsitz**
(Ardha-Matsyendrasana)

***Übungsverlauf:***
Anfängern sei empfohlen, als Vorbereitung für den klassischen Drehsitz zuerst eine einfachere Variante zu üben.

Sie setzen sich auf den Boden, die Beine gestreckt und geschlossen. Stellen Sie nun das rechte Bein zurück, und setzen Sie Ihren rechten Fuß an die äußere Seite des linken Knies. Der Knöchel sollte das Knie berühren, der Fuß steht parallel zum linken Bein.

Drehen Sie jetzt Ihren Oberkörper, so daß die linke Schulter von außen am rechten Knie ruht, normalerweise legt sich die Achselhöhle auf das Knie. Mit der linken Hand greifen Sie an den rechten Fuß.

Den rechten Arm stützen Sie hinter dem Rücken am Boden auf. Drehen Sie den Oberkörper so weit wie möglich nach rechts hinten, und lassen Sie den linken Arm als Hebel wirken, indem Sie sich damit fest am rechten Bein abstützen.

Die Drehung sollte, vom Kreuzbein ausgehend, die ganze Wirbelsäule erfassen, den Nacken durch Drehung des Kopfes eingeschlossen.

Bleiben Sie etwa 10 bis 30 Sekunden in dieser Stellung, und kommen Sie dann ganz langsam in die Ausgangsposition zurück. Wiederholen Sie die Asana in die andere Richtung.

Schon nach kurzer Zeit werden Sie zur klassischen Drehsitz-Haltung übergehen können.

Diese Stellung weicht von der vorbereitenden Übung nur in Einzelheiten ab. Sie sitzen wieder mit gestreckten Beinen am Boden und ziehen nun den linken Fuß so hoch wie möglich an ihren linken Oberschenkel. Das rechte Bein beugen Sie an und setzen den rechten Fuß auf die linke Seite des linken Knies. Je weiter Sie den Fuß dabei zurücksetzen können, desto besser.

Drehen Sie jetzt Ihren Oberkörper, so daß die linke Schulter wieder am rechten Knie ruht, und greifen Sie mit der linken Hand von innen an den rechten Fuß.

Drehen Sie den Oberkörper so weit wie möglich nach rechts hinten, und stützen Sie sich dabei fest mit dem linken Arm am rechten Bein ab. Den rechten Arm beugen Sie an, legen den Handrücken an die Außenseite Ihres Rückens.

Wenn es geht, versuchen Sie bitte, den linken Oberschenkel über ihren Rücken hinweg mit der rechten Hand zu ergreifen. Richten Sie die Wirbelsäule so weit wie möglich auf, damit die seitliche Biegung wirksam wird.

Bleiben Sie, ebenso wie bei der Vorübung, etwa 10 bis 30 Sekunden in dieser Stellung, und kommen Sie dann ganz langsam in die Ausgangsposition zurück.

Wiederholen Sie die Asana in die andere Richtung.

***Wichtig:***
Die langsame Rotation des Körpers sollte während der Ausatmung vorgenommen werden. Der Rücken bleibt dabei so passiv wie möglich.

Achten Sie darauf, daß beide Sitzknochen am Boden bleiben und das Knie des angebeugten Beines den Boden berührt. Das Knie des aufgestellten Beines befindet sich in der Achselhöhle.

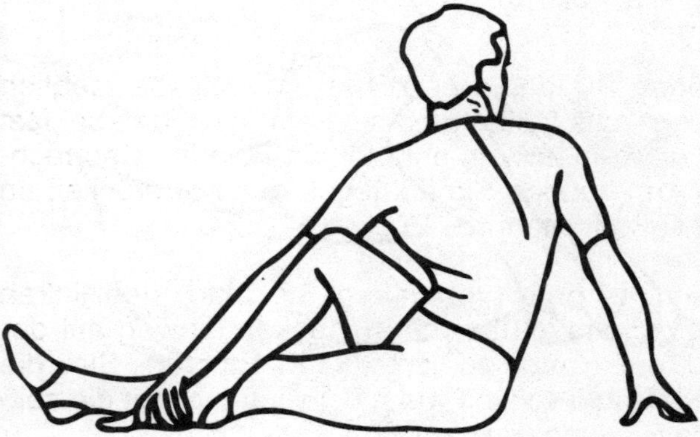

*Drehsitz*

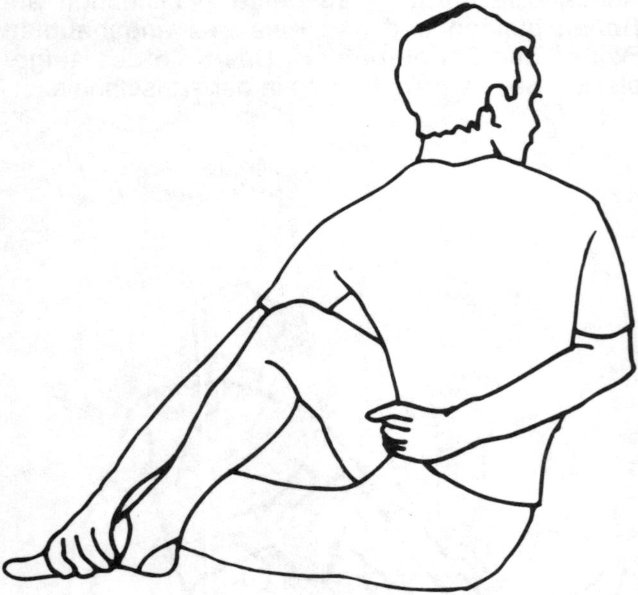

*Drehsitz*

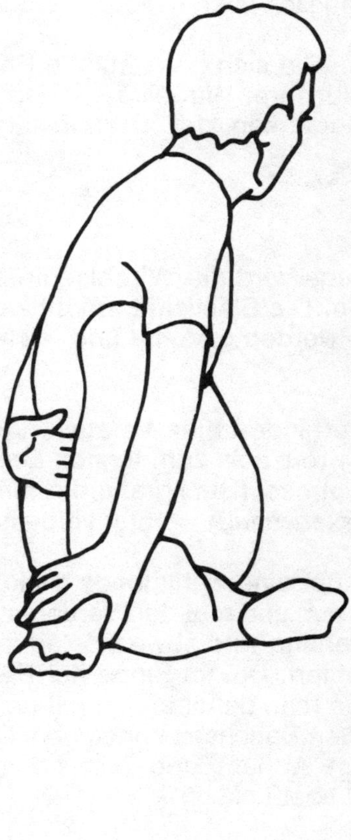

*Drehsitz*

Während der Drehung bleiben Ihre Schultern auf gleicher Höhe und so parallel wie möglich zum Boden. Der Kopf macht die Drehung als letztes und bleibt gerade, das Kinn geradeaus. Ihr Blick geht so weit wie möglich nach hinten.

Konzentrieren Sie sich ganz auf die Entspannung der Muskulatur Ihrer Wirbelsäule, und folgen Sie mit Ihren Gedanken der Drehbewegung Ihres Rückgrates.

***Wirkungen:***
In dieser Asana wird die Wirbelsäule sozusagen ausgewunden. Die Elastizität erhöht sich. Bänder und Muskeln werden gedehnt und reichlich durchblutet.

Die Übung verhindert eine Versteifung des Überganges vom Kreuzbein zum fünften Lendenwirbel. Skoliose, Kyphose (Rückgratverkrümmung) und Lumbago (Hexenschuß) werden verbessert.

Der Drehsitz übt eine wohltuende Wirkung auf die Nebennieren aus und regt den Verdauungstrakt an. Durch die Drehung wird abwechselnd jede Bauchseite komprimiert. Um im Sinne der Peristaltik zu arbeiten, sollte man daher immer mit der Kompression der rechten Bauchseite beginnen. Die Haltung stimuliert den Appetit und hilft bei schwacher Blasen- und Leberfunktion.

## Übungen, die den Unterleib zusammenpressen
(intraabdominale Kompression)

Als Konstruktionswerkstatt unseres Körpers ist unser Unterleib von vitaler Bedeutung.

Unsere vornehmlich sitzende Haltung erzeugt fast permanent Stauungen in den Bauchorganen und unser Verdauungssystem arbeitet oft nur ungenügend. Wir leiden unter einer schwachen Blutzirkulation, da die Organe nicht mehr genügend komprimiert werden.

Die folgenden Übungen sind speziell dafür gedacht, die inneren Organe zusammenzudrängen und dadurch die Blutzirkulation zu erhöhen. Verstopfungen verschwinden, und die Funktionen der Bauchorgane werden angeregt.

### Rumpfbeuge
(Uttanasana)

***Übungsverlauf:***
Sie stehen aufrecht, die Füße fest geschlossen, die Knie durchgedrückt. Lassen Sie die Arme am Körper herabhängen, nehmen Sie das Kinn zur Brust, und beginnen Sie gleichzeitig, Wirbel für Wirbel nach unten abzurollen.

Ihr Körper sollte durch sein eigenes Gewicht nach unten hängen. Umfassen Sie jetzt mit beiden Händen die Fußknöchel (wenn Sie nicht so weit

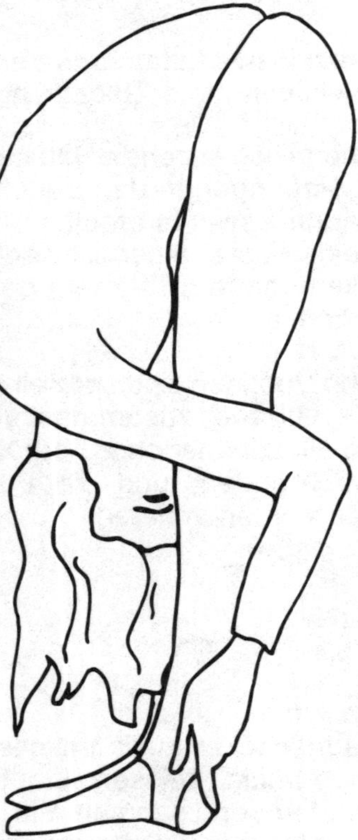

*Rumpfbeuge*

nach unten kommen, die Waden), und drücken Sie Ihren Kopf so nah wie möglich an die Knie. Biegen Sie Ihre Ellbogen etwas nach außen, und strecken Sie den Oberkörper ganz behutsam nach unten.

Verharren Sie 5 bis 30 Sekunden in dieser Stellung, dann richten Sie sich ganz langsam wieder auf. Rollen Sie Wirbel für Wirbel wieder nach oben, und lassen Sie dabei die Arme ganz locker hängen.

***Wichtig:***
Achten Sie darauf, daß Sie Ihre Wirbelsäule wirklich Stück für Stück abrollen. Ruckartige Bewegungen sollten Sie in jedem Falle vermeiden. Es ist nicht so wichtig, daß Ihre Hände den Boden berühren, Sie sollten in erster Linie versuchen, mit Ihrer Stirn die Knie zu berühren.

***Wirkungen:***
Die Rumpfbeuge macht die Wirbelsäule gelenkig und biegsam, sie entspannt Rücken und Schulter.
Durch das Vorbeugen werden die Bauchorgane »ausgequetscht«, was sich positiv auf die Verdauung auswirkt. Leber, Nieren und Blase werden günstig beeinflußt. Die Darmperistaltik wird aktiviert.

Zusätzlich zur Muskulatur der Wirbelsäule wird auch die Bauchmuskulatur gefestigt. Muskeln und Sehnen der Beine werden gedehnt.

Die Rumpfbeuge bewirkt außerdem eine bessere Blutzirkulation im Kopf und Gehirn, fördert also die Durchblutung des Kopfes.

## Kontraktion des Bauches
(Uddiyana Bandha)

***Übungsverlauf:***
Knien Sie sich im Vierfüßlerstand auf den Boden, und versuchen Sie, Ihr ganzes Körpergewicht auf die Arme zu stützen. Atmen Sie einmal tief ein und aus, spannen Sie dabei die Bauchmuskulatur an, um die Lunge völlig zu leeren. Je weniger Restluft zurückbleibt, desto besser.

Entspannen Sie nun den Bauch, und ziehen Sie ihn so tief wie möglich ein. Stellen Sie sich vor, Sie wollten mit Ihrem Bauchnabel die Wirbelsäule berühren. Spreizen Sie die Rippen, so als ob Sie einatmen möchten, dadurch steigt das Zwerchfell und der Bauch zieht sich ein.

Halten Sie diese Kontraktion des Bauches für einige Augenblicke, dann lassen Sie den Bauch wieder herausschnellen. Während Sie immer noch die Luft anhalten, wiederholen Sie das Ein- und Ausziehen des Bauches noch etwa drei- bis fünfmal.

Danach entspannen Sie sich, und holen Sie Luft. Atmen Sie erst ein, wenn Sie die Bauchmuskulatur entspannt haben.

***Wichtig:***
Achten Sie darauf, daß Ihre Lungen wirklich leer sind, wenn Sie den Bauch einziehen. Das Ein- und Ausziehen des Bauches sollte immer während einer einzigen Atempause geschehen. Die Bauchmuskulatur muß dabei ganz entspannt bleiben.

***Wirkungen:***
Die Übung festigt die Bauchmuskulatur und massiert die Eingeweide.

Der gesamte Verdauungstrakt wird angeregt, Verdauungsstörungen verschwinden. Durch Dehnung der ganzen Bauchregion wird auch der »Plexus solaris« stimuliert.

Die Beweglichkeit des Zwerchfells wird deutlich gefördert, es wird elastischer. Das Anhalten der Luft stärkt die Lunge; das Herz wird durch das Zwerchfell massiert.

*Kontraktion des Bauches*

## Übungen zur Umkehrung der Blutzirkulation

Sinn und Zweck der »Kopf-nach-unten-Stellungen« ist es, die Blutzirkulation umzukehren.

Von dieser Umkehrung profitieren sowohl die oben liegenden Organe, wie auch die unten liegenden.

Im unteren Teil des Körpers wirkt die Schwerkraft bremsend auf den Rückfluß des venösen Blutes zum Herzen. Daher begünstigt unsere aufrechte Haltung Blutstauungen in den Bauchorganen und den Beinen. Oberhalb des Herzens, so auch im Gehirn, ist die arterielle Blutzufuhr gebremst. Durch die Umkehrung der Blutzirkulation wird venöses Blut schneller zum Herzen zurücktransportiert, Stauungen werden beseitigt, arterielles Blut kann nachfließen.

Arterielles Blut fließt reichlich und mit leichtem Druck zum Gehirn. Die Wirkung der »Asanas zur Umkehrung der Blutzirkulation« ist größer als die der meisten anderen Asanas.

Beginnen Sie Ihre Übungsreihe jedoch nicht gleich mit dem Kopfstand, sondern arbeiten Sie sich langsam und vorsichtig an die schwierigen Übungen heran. Übermäßiger Eifer kann auch gefährlich werden!

**Kerze**
(Sarvangasana)

***Übungsverlauf:***
Sie liegen in Rückenlage, mit gestreckten Beinen, am Boden. Die Arme liegen neben dem Körper, die Handflächen zeigen nach unten. Achten Sie bitte darauf, daß Sie kein Hohlkreuz machen!

Unter Anspannung der Bauch- und Beinmuskulatur heben Sie nun die Beine, bis die Füße schließlich über dem Kopf ruhen. Die Knie bleiben dabei gestreckt. Stützen Sie jetzt die Hände gegen die Hüften. Die Ellbogen berühren den Boden und liegen dicht am Körper.

Dann heben Sie die Beine, das Becken und den Rücken in die Senkrechte, so daß das ganze Körpergewicht auf den Schultern, dem Nacken und dem Hinterkopf zu ruhen kommt.

Versuchen Sie, Ihr Körpergewicht in der Vertikalen auszubalancieren, ziehen Sie das Gesäß noch ein Stück weiter ein, und stützen Sie sich eventuell mit den Händen ein kleines Stück weiter oben, an den Rippen, ab.

Bleiben Sie in der Einstellung etwa 10 bis 60 Sekunden, steigern Sie sich allmählich bis maximal 3 Minuten.

Während Sie die Position in der Vertikalen halten, versuchen Sie, sämtliche Muskeln so gut wie möglich zu entspannen und dabei normal weiterzuatmen.

Bei der Rückkehr zum Boden beugen Sie die Knie und senken Sie sie langsam in Richtung Kopf. Entlasten Sie Ihre Hände, und legen Sie sie wieder auf den Boden.

Dann rollen Sie langsam Wirbel für Wirbel nach unten. Sobald das Becken den Boden berührt, strecken Sie die Beine und senken sie sehr langsam nach unten.

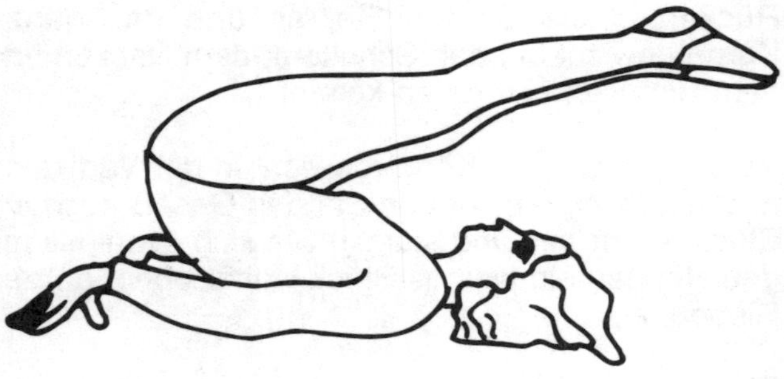

*Kerze (1. Phase)*

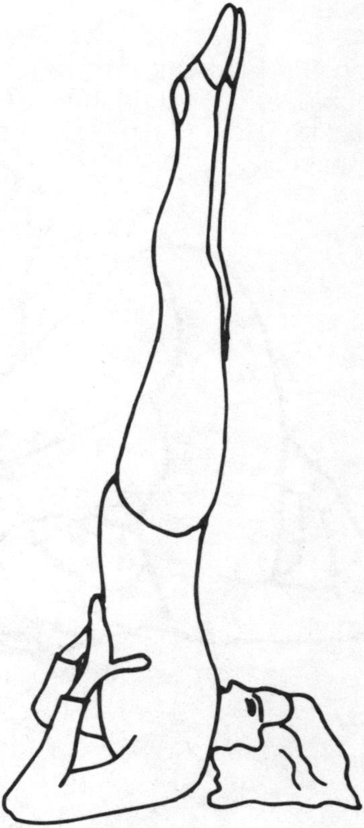

*Kerze (2. Phase)*

*Kerze (3. Phase)*

***Wichtig:***
Beginnen Sie die Asana nie, ohne die Hüften mit den Händen abzustützen, da sonst ein enormer, ungünstig wirkender Druck auf die Lendenwirbel erzeugt wird. Die Bewegungen sollten weich und fließend ineinander übergehen, arbeiten Sie nie ruckartig!

In der Endphase pressen Sie das Kinn an das Brustbein und legen den Nacken ganz flach auf den Boden. Die Beine bleiben während der ganzen Übung geschlossen, führen Sie keine Scherbewegungen aus!

Bei der Rückkehr zum Boden vermeiden Sie es bitte, den Kopf zu heben, stehen Sie nicht abrupt auf, sondern entspannen Sie sich erst eine Weile in der horizontalen Lage. Machen Sie die Kerze nicht, wenn Sie zu hohen/niedrigen Blutdruck haben!

***Wirkungen:***
Die Kerze wirkt sich positiv auf den ganzen Organismus aus.

Sarvangasana streckt die Wirbelsäule und dehnt die Nackengegend. Die Bauchmuskulatur wird gekräftigt, besonders wenn die Übung mit einem Halt der Beine in einem Winkel zum Boden von 30 und 60 Grad ausgeführt wird. Die Gehirndurchblutung wird verbessert, die Gesichtshaut dadurch wieder rosig, Kopfschmerzen verschwinden. Durch die umgekehrte Körperstellung und die Stellung des Halses wird der Druck auf die Schilddrüse erhöht und diese besser durchblutet. Die Organe im unteren Teil des Bauches werden entlastet, Senkungen von Organen wird entgegengewirkt. In der Stellung Sarvangasana ist es nicht mehr möglich, mit dem oberen Teil der Lunge zu atmen. Die Atmung wird erzwungenermaßen zur Bauchatmung. Die Eingeweide drücken auf das Zwerchfell, was die Atmung begünstigt und ebenfalls die Beweglichkeit dieses Organes fördert.

Die Kerze wirkt gesundheitsfördernd auch bei Asthmatikern.

Außerdem bewirkt sie eine bessere venöse Blutzirkulation, besonders in Beinen und Unterleib.

**Dreifuß**
(Kapalasana)

***Übungsverlauf:***
Sie knien am Boden, setzen sich zurück auf die Fersen und bestimmen zunächst einmal die richtige Ausgangsposition für die Übung.

Dazu bilden Sie mit Händen und Unterarmen vor sich auf dem Boden ein gleichseitiges Dreieck. In der Spitze dieses Dreiecks setzen Sie dann Ihren Kopf auf, dort wo die Ellbogen waren, stützen Sie die Hände auf. Setzen Sie jetzt Kopf und Hände am Boden auf, und achten Sie bitte darauf, daß später der Hauptteil Ihres Körpergewichtes auf dem Vorderteil des Schädels ruhen kann.

Strecken Sie die Beine, und übertragen Sie den ersten Teil des Gewichtes auf Ihren Kopf. Nähern

Sie Ihre Füße dann langsam dem Kopf, und bringen Sie die Zehen so nah wie möglich zu Ihren Händen. Nun beugen Sie ein Bein an und setzen dieses auf den Oberarm, das Knie kurz hinter dem Ellbogen. Das andere Bein setzen Sie auf dieselbe Weise auf den Oberarm.

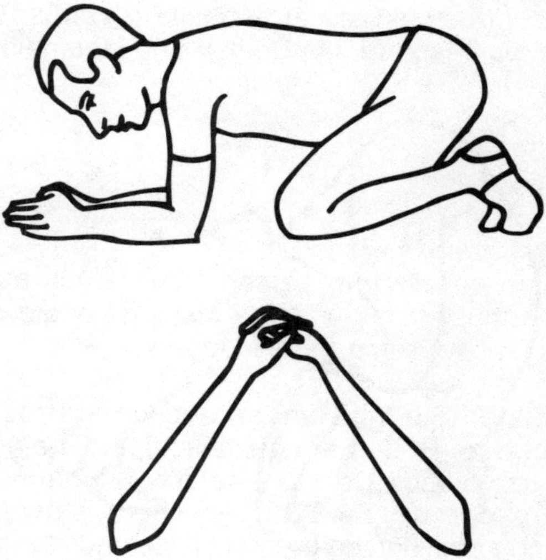

*Dreifuß*

*Dreifuß*

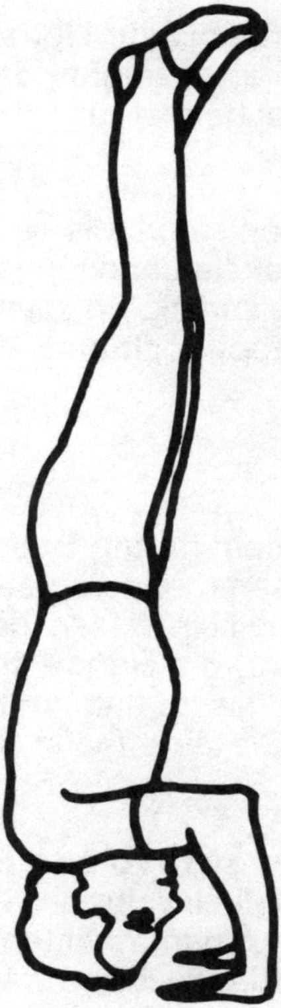

*Dreifuß*

Versuchen Sie, in dieser Stellung das Gleichgewicht zu finden, und führen Sie dabei die Füße so nah wie möglich ans Gesäß.

Heben Sie die Knie bis zur Horizontalen und weiter, bis sie nach oben zeigen, dann strecken Sie auch die Unterschenkel und erreichen so die Endstellung.

Bleiben Sie im Kopfstand, bis es Ihnen unbequem wird, und kommen sie dann langsam wieder in die Ausgangsstellung zurück. Entspannen sie sich, und lassen sie den Kopf noch eine Weile nach unten hängen.

***Wirkung:***
Wenn Sie auf einem harten Boden arbeiten, können Sie eine zusammengelegte Decke unter den Kopf nehmen. Bitte kein Kissen, das wäre zu weich! Achten Sie darauf, die Hände korrekt am Boden aufzustellen: Sind sie zu nah am Kopf oder zu weit weg, so haben Sie eine meist nicht sehr stabile Ausgangslage.

Beschränken Sie sich vorerst auf die Anfangsübungen, um die Muskulatur des Halses zu stärken und das Gehirn auf den erhöhten Blutdruck vorzubereiten. Heben Sie die Beine während dieser vorbereitenden Übungen nicht in die Vertikale. Nehmen Sie sich Zeit, die Übung zu erarbeiten, und erzwingen Sie nichts.

Machen Sie die Anfangsübungen immer in der Raummitte, und nehmen Sie erst später eventuell eine Wand zu Hilfe, um sich ganz zu erheben. Im Anfangsstadium kann eine Wand äußerst trügerisch sein, da sie es erlaubt, die eigenen Grenzen zu überschreiten. Beim Abheben der Beine sollten sich Ihre Zehen fast automatisch vom Boden lösen. Versuchen sie auf keinen Fall, sich mit den Fußspitzen vom Boden abzustoßen.

Bei Unsicherheiten im Gleichgewicht nehmen Sie die Beine an die Brust, ziehen den Bauch ein und rollen auf den Rücken ab. Stehen Sie gerade im Kopfstand, halten Sie Wirbelsäule, Beine und Fußspitzen gestreckt, den Körper entspannen Sie so gut wie möglich.

Entspannen Sie sich nach der Übung erst immer eine Weile am Boden, dann stehen Sie langsam auf, um die Blutzirkulation wieder zu normalisieren.

**Gegenindikationen:**
Führen Sie diese Asana nicht aus bei zu hohem oder zu niedrigem Blutdruck! Verzichten Sie auf die Übung, wenn Blutgefäße im Gehirn verkalkt sind oder Sie Herzklopfen bekommen. Ohrensausen oder Migräne warnen zur Vorsicht. Meiden sollten Sie die Übung auch, wenn Äderchen in den Augen zum Platzen neigen.

Falsch praktiziert, kann der Kopfstand ein Gefühl der Atemlosigkeit erzeugen. Versuchen Sie daher, nicht unnötig viel Kraft aufzuwenden, und atmen Sie normal weiter durch die Nase.

Machen Sie den Kopfstand nur dann, wenn Sie sich entspannt fühlen – ohne Zwang, ohne Mühe.

## Kopfstand
(Sirsasana)

***Übungsverlauf:***
Knien Sie sich wieder auf den Boden, das Gesäß auf den Fersen.

Falten Sie die Hände, und legen Sie sie vorsichtig auf den Boden. Die Hände sollten so liegen, daß Sie eine Art Schale für den Kopf bilden und dieser sich nicht bewegen kann. Die Ellenbogen sollten etwa schulterbreit voneinander entfernt sein.

Heben Sie nun das Gesäß nach oben, strecken Sie die Beine, und wandern Sie mit den Füßen so nah wie möglich an Ihren Kopf. Dann beugen Sie die Beine wieder und bringen die Füße ans Gesäß.

Heben Sie die Knie in die Horizontale und schließlich in die Senkrechte, und strecken Sie dann langsam die Beine.

Halten Sie Rücken und Beine ganz gerade, die Zehenspitzen gestreckt, und konzentrieren sie sich auf die Entspannung der Muskulatur.

Versuchen Sie, die Schultern möglichst unten zu halten, sonst ermüden sie schnell.

Bleiben Sie im Kopfstand, bis es Ihnen unbequem wird, kommen sie langsam wieder nach unten, und entspannen Sie sich kurz, indem Sie sich auf die Fersen zurücksetzen und den Rücken runden, bevor Sie ganz langsam aufstehen.

*Kopfstand*

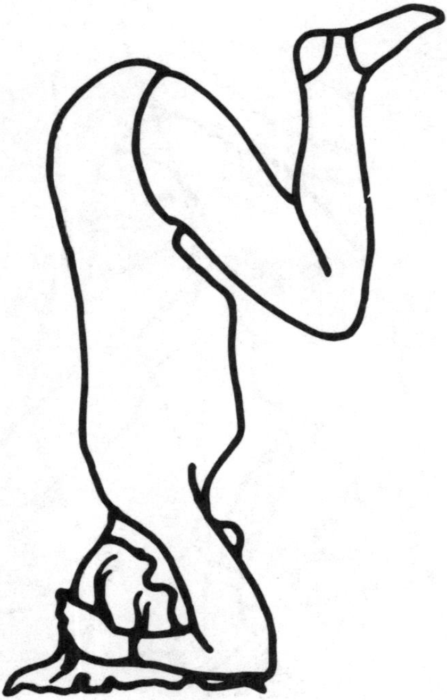

*Kopfstand*

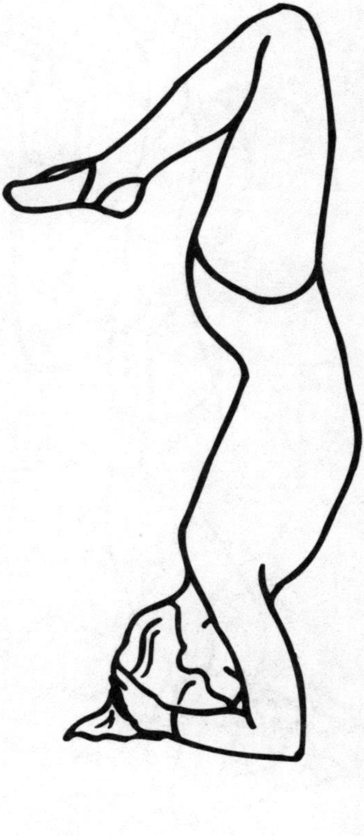

*Kopfstand*

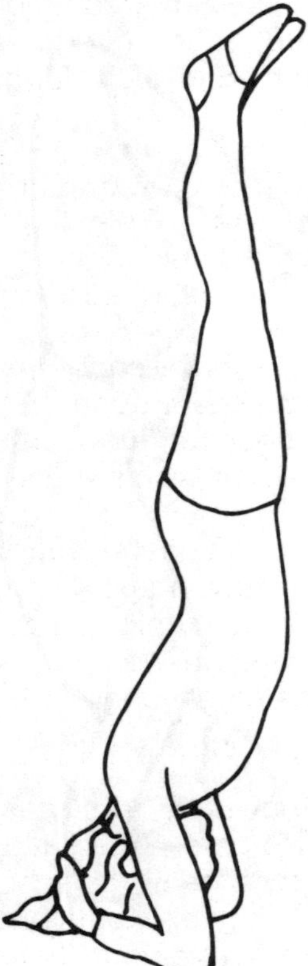

*Kopfstand*

***Wichtig:***
Falten Sie Ihre Hände ganz fest, sie sollten den Kopf wirklich gut abstützen. Begnügen Sie sich, wie schon beim Dreifuß, zuerst mit den Anfangsübungen, und arbeiten Sie sich langsam an den Kopfstand heran.

Sirsasana ist eine der schwierigsten Yoga-Übungen. Man braucht Kraft, Gelenkigkeit und einen guten Gleichgewichtssinn. Nehmen Sie sich dafür ruhig viel Zeit, um ihn richtig ausführen zu können.

Aus entwicklungsgeschichtlicher Perspektive ist die aufrechte Haltung eine neuere Erwerbung des Menschen, eine noch unfertige Anpassung, die auch viele Nachteile mit sich bringt.

Durch die Umkehrung unserer aufrechten Haltung ziehen wir großen Nutzen aus dem Kopfstand. Da die Wirkungen sehr zahlreich sind, können nicht alle ausführlich beschrieben werden, es seien jedoch die Wichtigsten erwähnt.

***Wirkungen:***
Der fünfte Lendenwirbel trägt fast das ganze Gewicht unseres Körpers. Er unterliegt maximalem Druck und seine Zwischenwirbelscheibe ist besonders verletzbar. Durch den Kopfstand kommen die Lendenwirbel in die für sie vorteilhafteste Lage und haben nur noch das Gewicht von Becken und Beinen zu tragen. Kreuzschmerzen werden deutlich gelindert oder verschwinden.

Dadurch, daß die Schwerkraft bremsend auf den Rückfluß des venösen Blutes zum Herzen wirkt,

begünstigt die aufrechte Haltung Blutstauungen in den Beinen und den Bauchorganen. Oberhalb des Herzens ist dann die arterielle Blutzufuhr gebremst. Sirsasana kehrt diese Situation um.
Venöses Blut wird beschleunigt zum Herzen zurückgeführt, Stauungen in Beinen und Bauchorganen beseitigt, Krampfadern vorgebeugt. Arterielles Blut fließt reichlich und mit leichtem Druck zum Gehirn.

Stagnierendes Blut in den Bauchorganen wird in Zirkulation versetzt, Senkungen von Organen normalisieren sich. Dadurch, daß venöses Blut im Verdauungssystem abgezogen wird, kann vermehrt arterielles Blut zufließen, die Verdauung verbessert sich.

Der Kopfstand stärkt die Lungen. Vor allem deren oberer Teil wird besser durchlüftet, eine tiefe Ausatmung wird erleichtert. Durch die Bewegungen des Zwerchfells werden zusätzlich die Bauchorgane massiert.

Das Gehirn erhält eine reichliche Blutversorgung, verkrampfte Kapillaren weiten sich. Migräne und Kopfschmerzen verschwinden, die Konzentrationsfähigkeit erhöht sich, ebenso die Widerstandskraft gegen nervöse Ermüdung.

Die Funktionen von Hypophyse und Schilddrüse normalisieren sich.

Sirsasana wirkt auch auf die Sinnesorgane. Das Sehvermögen wird deutlich gebessert. Vorsicht! Wenn Sie von einer Ablösung der Netzhaut bedroht sind, oder Ihre Augen erkrankt sind (Star, Bindehautentzündung oder dergleichen), sollten Sie von dieser Übung absehen.

Auch Ihr Gehör kann sich unter Umständen verbessern. Vorsicht! Keinen Kopfstand bei Mittelohrentzündung oder anderen entzündlichen Prozessen am Ohr.

Die vermehrte Blutzirkulation im Kleinhirn wirkt sich positiv auf Ihren Gleichgewichtssinn aus.

Auch Ihr Gesicht erhält einen reichlichen Zustrom von arteriellem Blut und wird besser ernährt.

Zuletzt sei noch erwähnt, daß durch die Verbesserung der Statik der Wirbelsäule auch Ihre Haltung gebessert wird.

# Die Reinigungspraktiken

Die Yogis sehen verschiedene Reinigungspraktiken vor, um den Organismus sauberzuhalten und vor allem, um ihn gegen Krankheiten zu immunisieren.

Bestimmte Organsysteme unseres Körpers sind dazu da, um die im Körper anfallenden Gifte auszuscheiden. Yoga unterstützt diese Organe bei ihrer Arbeit und hilft dem Körper, die Abfallprodukte auszuscheiden.

Einige dieser Reinigungspraktiken sind auch für uns nützlich und zugleich leicht auszuführen.

**Nasendusche**
(Neti)

***Übungsverlauf:***
Nehmen Sie eine Schale lauwarmes, sauberes Wasser (abgekochtes Wasser wäre besser), und fügen Sie etwa einen halben Teelöffel Salz hinzu.

Tauchen Sie Ihre Nase ins Wasser, und führen Sie nun mit der Stimmritze kleine pumpende Bewegungen hinten im Rachen aus. Das Wasser gelangt so in Ihre Nase. Vermeiden Sie, daß mit dem Wasser Luft in die Nase kommt.

Lassen Sie Ihre Nase noch kurze Zeit im Wasser, dann lassen Sie das Wasser von selber aus der Nase fließen und wiederholen die Übung.

Machen Sie das Ganze etwa dreimal, dann atmen Sie stark aus. Schneuzen Sie, indem Sie abwechselnd je ein Nasenloch zuhalten, und lassen Sie sämtliches Wasser aus der Nase abfließen. Schneuzen Sie anschließend beide Nasenlöcher zusammen, bis kein Schmutz mehr austritt.

***Wichtig:***
Vergessen Sie bitte nicht das Salz im Wasser, da dieses wichtig für das osmotische Gleichgewicht der umliegenden Gewebe ist. Ungesalzenes Wasser prickelt in der Nase.

***Wirkungen:***
Die Nasendusche sorgt für eine gründliche Reinigung der Nasenschleimhaut. Die Blutzirkulation wird aktiviert, Erkältungen vorgebeugt.

**Reinigung der Zunge**
(Dhauti)

***Übungsverlauf:***
Bei den Yogis findet zur Reinigung der Zunge ein Zungenschaber Verwendung; den gleichen Dienst tut jedoch auch ein Löffel.

Drehen Sie die gewölbte Seite des Löffels nach oben, und schaben Sie mit der Kante Ihre Zunge. Reinigen Sie zunächst von hinten nach vorne zur Zungenspitze, dann seitwärts, von links nach rechts und umgekehrt.

Sobald Ihr Zungenschaber sauber bleibt, können Sie aufhören.

***Wichtig:***
Putzen Sie sich vor der Reinigung der Zunge gründlich die Zähne, und spülen Sie den Mund.

***Wirkungen:***
Die Reinhaltung der Mundhöhle kann uns viele Infektionskrankheiten ersparen. Die Beseitigung von Bakterienherden garantiert gesundes Zahnfleisch und gesunde Zähne.

Die Geschmackswarzen der Zunge arbeiten außerdem in engem Zusammenspiel mit den Speicheldrüsen, die wiederum für unsere Verdauung wichtige Enzyme ausscheiden. Je schmackhafter ein Gericht, desto größer die Speichelabsonderung.

Ist die Zunge »belegt« – wer kennt diesen unangenehmen Zustand nicht – so sind auch die Geschmackswarzen mit einer Schleimschicht überzogen, so daß der Geschmack der Speisen nicht in vollem Umfange wahrgenommen werden kann.

Eine belegte Zunge kann außerdem oft die Ursache für schlechten Atem sein.

# Die Ernährung

Für den Yogi ist der Körper der Tempel seiner Seele, und somit trägt er auch die Verantwortung für dessen Gesunderhaltung. Es wurden genaue Regeln der Diätetik des Yoga aufgestellt und festgelegt, welche Nahrungsmittel der Yogi zu wählen hat, um gesund zu bleiben.

Die Unterschiede in Klima, Lebensgewohnheiten und den verfügbaren Lebensmitteln sind aber so groß, daß es in der westlichen Welt unmöglich ist, diese Anweisungen wörtlich zu befolgen. Dennoch lassen sich grundsätzliche Erkenntnisse auch hier in der täglichen Ernährung umsetzen.

Es werden daher im folgenden ein paar Grundsätze zusammengetragen, die auch für uns anwendbar sind und in denen wohl auch fast alle Ernährungsspezialisten übereinstimmen.

Betrachten wir vorerst unsere wesentlichen Ernährungssünden:

- Wir essen zu rasch.
  Essen Sie langsam, in kleinen Bissen und kauen Sie gründlich. Gut gekaute Nahrung ist halb verdaut; Speisen, die die Vorverdauung im Mund nicht mitmachen, werden im Magen und Darm zu einer Last.

- Wir essen zu heiß oder zu kalt.
  Werden die Speisen lange gekaut, gelangen sie in einer idealen Temperatur in den Magen. Bestimmte Verdauungsfermente im Magen brauchen eine bestimmte Temperatur, um wirksam werden zu können.

- Wir essen zu viel.
  Essen Sie nur dann, wenn Sie wirklich Hunger haben. Hunger darf nicht mit Appetit verwechselt werden!
  Beenden Sie Ihr Mahl bei den ersten Anzeichen der Sättigung.

- Wir essen denaturierte Nahrungsmittel.

Man könnte die tägliche Yoga-Ernährung als eine Naturdiät bezeichnen. Das bedeutet, daß Sie alle Nahrungsmittel so naturbelassen wie möglich essen sollten. Streichen Sie es von Ihrem Speisezettel, wenn etwas weiß ist oder raffiniert, wenn es vorbehandelt ist oder chemische Zusätze enthält.

Ersetzen Sie weißen Zucker durch Rohrzucker oder Honig; Mehl, Nudeln und Backwaren sollten aus Vollweizen sein.

Ungeschälter Naturreis sollte die Basis Ihrer Hauptmahlzeit werden; Gemüse dünsten Sie leicht, so daß es noch knackig ist; noch besser genießen Sie es roh.

Frische, im eigenen Land gezogene Gemüse und Früchte sind allen Konserven vorzuziehen. Essen Sie Früchte, die auf natürliche Art, an der Sonne, gereift sind.

Über Jahrhunderte hinweg war Yoga an eine lacto-vegetarische Diät gebunden, die reich an Proteinen (Milch, Käse, Joghurt, Nüsse, Sojabohnen Hülsenfrüchte und Gemüse), Kohlenhydraten (Getreide, Kartoffeln) und Fetten (Öle und Butter) ist.

Selbst dann, wenn Sie kein Vegetarier werden möchten, sollten Sie Ihren Fleischkonsum so weit wie möglich einschränken:

- Essen Sie nicht mehr als 100 Gramm am Tag und vermeiden Sie Wurstwaren.
- Reduzieren Sie Ihren Fleischkonsum langsam, und essen Sie so lange Fleisch bis es Ihnen entbehrlich erscheint.

Es ist neben Ihrer neuen »Diät« sehr wichtig, daß Sie sich in einer guten Gemütsverfassung befinden, wenn Sie essen. Einem verzweifelten Menschen, der unwillig einen Bissen hineinwürgt, wird dieser wesentlich schlechter bekommen, als einem fröhlichen Menschen eine doppelte Portion.

Alkohol dient in keiner Weise unserer Gesundheit und wird deshalb in der Yoga-Ernährung nicht berücksichtigt.

# Rezepte

Nachfolgend ein paar Anregungen für Ihren täglichen Speiseplan.

## Frühstücksideen

### Buttertoast

***Zutaten:***
*400 g kaltes Wasser*
*40 g Hefe*
*8 g Meersalz*
*15 g Honig*
*600 g Weizenvollkornmehl*
*60 g Butter*

***Zubereitung:***
Wasser in eine große Schüssel geben, Hefe hineinbröckeln und mit dem Schneebesen verrühren. Salz und Honig zugeben, weiterrühren, bis alles gleichmäßig aufgelöst ist. Mehl untermengen, zum Schluß die Butter in kleinen Flöckchen zugeben und 10 Minuten kneten. Teig in eine gut gefettete Kastenform füllen und 20 Minuten gehen lassen. Ofen 10 Minuten auf 200 Grad vorheizen, Brot einschieben, nach 15 Minuten auf 80 Grad herunterschalten und weitere 35 Minuten backen.

### Geflochtenes Milchbrot

***Zutaten:***
*600 g sehr fein gemahlenes Weizenvollkornmehl*
*300 ml Milch*
*1 Würfel Hefe*
*40 g Honig*

*3 Eier (1 davon zum Bestreichen)*
*1 Prise Meersalz*
*100 g Butter*

***Zubereitung:***
Mehl, in etwas Milch aufgelöste Hefe, Honig, 2 Eier, Salz und lauwarme Milch in einer großen Schüssel gründlich verkneten. Zerlassene Butter zufügen und 10 Minuten kneten. Den Teig abgedeckt an einem warmen Ort zum doppelten Volumen aufgehen lassen. Nochmals kurz durchkneten, in 3 große und 3 kleine Stücke teilen, 2 Zöpfe daraus flechten und aufeinandersetzen. Mit einem Eigelb bestreichen. Noch etwas gehen lassen. Bei 200 Grad einschieben, nach 20 Minuten auf 175 Grad schalten und noch weitere 25 Minuten backen.

## Hausbrot

***Zutaten:***
*10 g Backferment-Grundansatz*
*5 g Backferment*
*700 ml Wasser*
*600 g Roggenvollkornmehl*
*400 g Weizenvollkornmehl*
*100 g Sonnenblumenkerne*
*1 EL Meersalz*

***Zubereitung:***
Am Vortag einen Teigansatz aus 10 g Grundansatz, 5 g Backferment, 400 ml lauwarmem Wasser bereiten. Diese Zutaten mit einem Schneebesen gut verrühren. 300 g Roggenmehl und 100 g Weizenmehl zugeben und gut vermengen. Abgedeckt an einen

warmen Ort stellen. Am Nachmittag des nächsten Tages 300 g Roggenmehl, 300 g Weizenmehl, 100 g Sonnenblumenkerne, 1 EL Salz und etwa 300 ml kohlensäurereiches Wasser dazurühren. 10–15 Minuten lang kräftig verkneten. Abgedeckt 1 Stunde an einen warmen Ort stellen. Teig durchkneten, in eine gut bemehlte, längliche Brotform füllen und abgedeckt 40 Minuten gären lassen. Auf ein gefettetes Blech stürzen, nachformen, und in das auf 220 Grad vorgeheizte Rohr schieben. Während des Vorheizens bereits eine Wasserschale auf den Rohrboden stellen. Hitze zurückschalten auf 200 Grad. Backzeit: 30 Minuten bei 200 Grad, 30 Minuten bei 180 Grad, 30 Minuten bei 160 Grad. Das Brot wird sehr saftig und hält lange frisch!

## Kakao ohne Zucker

***Zutaten:***

*1 l Milch*
*4 gehäufte TL Kakao*
*2 Msp. Zimt oder Vanillepulver*
*2 EL Ahornsirup*
*100 ml Schlagsahne*
*Kakaopulver*

***Zubereitung:***

Milch mit Kakaopulver, Gewürz und Ahornsirup verschlagen. Heiß machen und dabei öfters mit dem Schneebesen durchmixen. Heißen Kakao in große Becher füllen, mit Schlagsahnehaube garnieren, etwas Kakaopulver überstäuben. Anstelle von Kakaopulver läßt sich ebenso Carob verwenden.

## Original Bircher-Müsli

***Zutaten:***
*4 gestrichene EL Haferflocken*
*12 EL kaltes Wasser*
*4 EL Zitronensaft*
*4 EL Sahne*
*800 g Äpfel*
*4 EL geriebene Haselnüsse oder Mandeln*

***Zubereitung:***
Haferflocken mit Wasser über Nacht einweichen, morgens Zitronensaft und Sahne zufügen. Äpfel grob hineinraffeln und locker unterheben. Nüsse über die angerichtete Speise streuen.

***Tip:***
Wer die Haferflocken lieber körniger ißt, kann die Einweichzeit reduzieren.

# Suppen und Vorspeisen

## Avocadocremesuppe

***Zutaten:***
*1 geriebene Zwiebel*
*1 EL Butter*
*1/2 l Hühnerbrühe*
*1 Schuß trockener Weißwein*
*100 ml Sahne*
*2 reife Avocados*
*Salz*
*Pfeffer*
*4 TL Zitronensaft*
*geröstete Mandelblättchen*

***Zubereitung:***
Die geriebene Zwiebel in Butter andünsten, mit Hühnerbrühe aufgießen und 5 Minuten bei mäßiger Hitze köcheln lassen. Weißwein und Sahne zugießen und erhitzen. Das ausgelöste Avocadofleisch mit dem Mixstab pürieren und in die heiße, aber nicht mehr kochende Suppe geben. Mit Salz, Pfeffer und Zitronensaft abschmecken. Ist die Suppe zu dick, mit etwas Brühe verdünnen. Die Suppe mit gerösteten Mandelblättchen portionsweise garnieren.

## Portugiesische Vorspeise

***Zutaten:***
*500 g dunkle Trockenbohnen*
*2 Zwiebeln*
*2 Knoblauchzehen*

*1 Lorbeerblatt*
*1–2 EL kaltgepreßtes Olivenöl*
*Meersalz*
*1/2 TL gestoßener Kümmel*
*1 Prise gestoßener Koriander oder Thymian*
*etwas Zitronensaft*
*30–50 g geriebener Parmesan*
*Ausbackfett*

***Zubereitung:***
Bohnen über Nacht einweichen, abgießen, gut spülen und mit frischem Wasser, 1 Zwiebel, 1 Knoblauchzehe und Lorbeerblatt aufsetzen, langsam weichkochen. Möglichst trocken durch ein Sieb passieren. Die 2 Zwiebeln und die Knoblauchzehe fein hacken und in Öl anrösten. Zu den Bohnen geben, salzen und würzen. Den Brei mit Käse mischen. Mit einem TL kleine, bonbongroße Stücke formen und nach und nach in das glühheiße Ausbackfett geben, bis sie schwimmend an die Oberfläche kommen. Auf Küchenkrepp zum Abtropfen legen. Vorspeise mit süßen, roten Pfefferschoten reichen.

## Gefüllte Weinblätter

***Zutaten:***
*2–3 EL Sonnenblumenöl*
*1 Zwiebel*
*1 TL Garam Masala*
*100 g Naturreis*
*gut 1/4 l Wasser*
*1 große Prise Safran*
*50 g Pinienkerne*
*50 g Korinthen*

*Meersalz*
*Pfeffer*
*Saft von 1/2 Zitrone*
*2 EL feingehackte, frische Minze*
*24 Weinblätter*
*gut 1/8 l Gemüsebrühe*
*1 Lorbeerblatt*
*zum Garnieren: dünne Zitronenscheiben*

***Zubereitung:***
Öl erhitzen, feingehackte Zwiebel mit Garam Masala bei schwacher Hitze 5 Minuten anbraten. Reis zugeben, unter Rühren 3 Minuten anrösten. Kochendes Wasser zugießen, Safran, Pinienkerne und Korinthen zufügen. 30 Minuten köcheln lassen, bis der Reis gar ist. Salzen und pfeffern. Zitronensaft und Minzeblätter unterrühren. Frische Weinblätter gründlich unter heißem Wasser abspülen. Blätter mit Fülle belegen, zusammenrollen und mit der Nahtseite nach unten in eine ausgefettete, feuerfeste Form schichten. Gemüsebrühe und Lorbeerblatt zufügen, mit Alufolie abdecken und 45 Minuten backen. Lorbeerblatt entfernen, mit Zitronenscheiben garniert servieren. Gefüllte Weinblätter sind auch kalt eine köstliche Vorspeise.

## Bouillon mit Getreidenockerl

***Zutaten:***
*1 1/4 l Wasser*
*(für Nicht-Vegetarier: 2 Stück Kälberklein)*
*250 g Gemüse (Möhre, Sellerie, Wirsing, Lauch, Zwiebel, Petersilienwurzel, Krautblätter)*
*2 Gemüsebrühwürfel*

*2 Nelken*
*2 Lorbeerblätter*
*2 Knoblauchzehen*
*Pfefferkörner*
*1 Zweig Thymian*
*30 g weiche Butter*
*30 g Margarine*
*1 EL Gemüsebouillon*
*1 Ei*
*1 Eigelb*
*Kräutersalz*
*1/2 TL Pastetengewürz*
*Muskatnuß*
*30 g geriebene Haselnüsse*
*30 g alter Gouda*
*50 g Weizenvollkornmehl*
*50 g Hafermehl*
*Petersilie (feingewiegt)*

***Zubereitung:***
Wasser mit Gemüse, Brühwürfeln und Gewürzen aufsetzen und 1 Stunde kochen lassen, abseihen. In der Zwischenzeit Butter und Margarine schaumig rühren, 1 EL Bouillon, Ei, Eigelb, Salz und Gewürze verquirlen. Nüsse, geriebenen Käse und Mehl mit der Eimasse verrühren und löffelweise unter die weiche Fettmischung rühren. Den weichen Teig im Kühlschrank 30 Minuten ruhen lassen. Bouillon zum Kochen bringen. Mit einem TL Klößchen abstechen. Einen Probekloß einlegen. Ist der Teig zu weich, noch etwas Mehl zugeben. Nockerl 15 Minuten in siedender Brühe ziehen lassen. Suppe mit Petersilie bestreut servieren.

## Kürbisrahmsuppe

***Zutaten:***
*1 kleiner Kürbis (etwa 900 g)*
*1 Zwiebel*
*40 g Butter*
*Saft von 1 Orange*
*5/8 l Wasser*
*Meersalz*
*weißer Pfeffer*
*Honig*
*2 EL Creme fraîche*
*Ingwerwurzel (frisch gerieben)*
*gekörnte Gemüsebrühe*
*Weinessig*
*1 Schuß Weißwein*

***Zubereitung:***
Kürbis vierteln, schälen, entkernen und Fruchtfleisch klein würfeln. Zwiebel hacken und in 20 g Fett glasig dünsten. Orangensaft mit 5/8 l Wasser aufkochen. Zwiebel und Kürbiswürfel zugeben, mit Salz, Pfeffer und einer Spur Honig würzen, etwa 8 Minuten kochen. Anschließend im Mixer oder mit einem Pürierstab cremig zerkleinern. Creme fraîche einrühren, mit Ingwer, Gemüsebrühe, Essig, Wein und Honig abschmecken.

## Gurkensuppe, kalt

***Zutaten:***
*1 kg Gurken*
*500 g Joghurt*
*5 Knoblauchzehen*

*Meersalz*
*weißer Pfeffer*
*Saft von 1/ 2 Zitrone*
*2 EL gehackte Petersilie*
*1 EL kaltgepreßtes Olivenöl*

***Zubereitung:***
Die Salatgurken schälen, der Länge nach halbieren und mit Hilfe eines Eßlöffels die Kerne herauskratzen. Die Gurkenhälften in grobe Stücke schneiden und in einen Küchenmixer geben. Den geschälten Knoblauch und den Joghurt ebenfalls hinzufügen. Alles sehr fein pürieren, kräftig würzen und kalt stellen. Zu dieser feinen Erfrischung paßt warmes Fladenbrot, gewürzt mit Kreuzkümmel.

## Hauptgerichte

### Kabeljau mit Mangold

***Zutaten:***
*800 g Kabeljaufilet*
*Saft von 1 Zitrone*
*Meersalz*
*Pfeffer aus der Mühle*
*250 g Mangold*
*2 Knoblauchzehen*
*2 Tomaten*
*1 Becher Sahnejoghurt*
*1 EL gemahlene Mandeln*
*3 EL geriebener Parmesan*
*30 g Butter*

***Zubereitung:***
Den Kabeljau mit dem Zitronensaft beträufeln, salzen und pfeffern. Den Mangold putzen, waschen und 2 Minuten blanchieren, abtropfen lassen. Die Fischfilets in die Mangoldblätter wickeln, salzen und pfeffern. Die Knoblauchzehen schälen und fein hacken. Über dem Fisch verteilen. Jedes Filet in Alufolie einschlagen und im heißen Backofen bei 200 Grad 30 Minuten garen. Die Tomaten waschen und in Scheiben schneiden. Den Joghurt mit den Mandeln, dem Parmesan und etwas Salz und Pfeffer verrühren. Den Fisch aus dem Ofen nehmen, die Alufolie öffnen. Mit den Tomatenscheiben belegen, den Joghurt darüber geben. Mit Butterflöckchen belegen und 7 Minuten unter dem heißen Grill überbacken.

## Vollkornnudeln mit Gemüsesugo

***Zutaten:***
*2 Auberginen (540 g)*
*Meersalz*
*2 grüne Paprika (300 g)*
*4 Knoblauchzehen*
*4 EL kaltgepreßtes Olivenöl*
*20 g Butter (oder 50 g Speck)*
*1/2 Zwiebel*
*500 g Tomaten*
*schwarzer Pfeffer*
*1/2 TL getrocknetes oder 1 EL frisches Basilikum, feingewiegt*
*4 Sardellenfilets*
*Crème fraîche*
*250 g Vollkornnudeln*
*1 Schuß Weizenkeimöl*
*geriebener Parmesan*

***Zubereitung:***
Auberginen in 2 cm große Würfel schneiden, reichlich mit Salz bestreuen; Paprika fein würfeln und Knoblauchzehen mit Salz zerdrücken. Öl und Butter (oder Speck) erhitzen, Knoblauch und Paprika 5 Minuten darin anbraten. Auberginen trockentupfen, in den Topf zugeben und 10 Minuten bei geringer Hitze im eigenen Saft schmoren lassen. Tomaten vierteln, kleinschneiden und zugeben. Mit wenig Salz, Pfeffer und Basilikum würzen. Noch weitere 10 Minuten schmoren. Wird frisches Basilikum verwendet, dieses erst zum Schluß zugeben. Nach 5 Minuten die gewässerten, abgetropften und kleingehackten Sardellen in die Sauce geben. Nach Belieben mit Crème fraîche verbessern. In der

Zwischenzeit Vollkornnudeln in leicht sprudelndem Salzwasser mit einem Schuß Öl in 15 Minuten knapp weich garen. Abgetropft zur fertigen Sauce servieren. Geriebenen Parmesan dazu reichen.

## Roggenspätzle mit Gemüse

***Zutaten:***
*500 g Kartoffeln*
*300 g Wirsing*
*300 g Mangold*
*Kräutersalz*
*1 EL Olivenöl*
*65 g feingemahlenes Roggenmehl*
*2 Eier*
*1/8 l Milch*
*Meersalz*
*150 g Mozzarella*
*4 EL geriebener Parmesan*
*80 g Butter*
*5 Salbeiblätter*
*2 Knoblauchzehen*
*Pfeffer (grob gemahlen)*

***Zubereitung:***
Kartoffeln schälen und in Längsspalten schneiden. Wirsing und Mangold in Streifen schneiden. Kartoffeln mit wenig Salzwasser und Olivenöl 20 Minuten leise köcheln lassen, nach 10 Minuten Gemüse zugeben. Für die Spätzle Mehl mit Eiern, Milch und Salz glattrühren, zugedeckt 1/2 Stunde quellen lassen, mehrmals kräftig durchschlagen. Teig mit einem Spätzlehobel in kochendes Salzwasser schaben. Spätzle mit der Schaumkelle her-

ausnehmen, sobald sie oben schwimmen. Mozzarella würfeln. Gemüse aus dem Sud nehmen, mit Spätzle, Mozzarella und Parmesan mischen und warm stellen. Butter aufschäumen, Salbei und den gepellten, in Scheiben geschnittenen Knoblauch zugeben. 1/8 l Gemüsesud zugeben, mit Pfeffer würzen und über die Spätzle gießen. Sofort servieren.

## Orientalischer Hirsepilaw

***Zutaten:***
*225 g Hirse*
*1/2 l Wasser*
*2 EL Sonnenblumenöl*
*1 TL Cayennepfeffer*
*2 TL weiße Senfkörner*
*1 TL Paprikapulver*
*1 feingehackte Zwiebel*
*3 zerdrückte Knoblauchzehen*
*1 grüne und 1 rote Paprikaschote*
*350 g Zucchini*
*2 Möhren*
*150 g Okraschoten*
*350 g abgezogene Tomaten*
*50 g Rosinen*
*Meersalz, Pfeffer*
*50 g Cashewkerne*

***Zubereitung:***
Hirse gut waschen, in kochendes Wasser einstreuen. Hitze schwach stellen und in zugedecktem Topf in 20 Minuten garen. 10 Minuten nachquellen lassen. Inzwischen Öl erhitzen, Gewürze darin anrö-

sten. Zwiebel und Knoblauch zufügen und in 2–3 Minuten glasig braten. Paprika in Streifen, Zucchini und Möhren in Scheiben, Okra und Tomaten in Würfel schneiden, mit den Rosinen zu den Zwiebeln geben. Bei schwacher Hitze 20 Minuten schmoren lassen, dabei gelegentlich umrühren. Mit Salz und Pfeffer abschmecken, ebenso die Hirse. Hirse auf einer Platte anrichten, Gemüse darüberhäufen, mit halbierten Cashewkernen bestreuen.

### Sellerieschnitzel

***Zutaten:***
*1 kg Sellerie*
*Weizenvollkornmehl*
*Meersalz*
*1–3 Eier*
*Vollkornpaniermehl*
*Butterschrnalz*

***Zubereitung:***
Sellerie schälen, in 1 cm dicke Scheiben schneiden, diese in Mehl, mit Salz verschlagenem Ei und Paniermehl wenden. Im mäßig heißen Schmalz ausbacken. Auf die Pfanne einen Deckel geben, damit das Gemüse schneller weich und die Panade nicht zu braun wird. Dazu schmecken Kartoffelbrei und grüner Salat.

### Tofuschnitzel

***Zutaten:***
*500 g Tofu*
*3 EL Shoyu*

*1 EL Weizenkeimöl*
*1 zerdrückte Knoblauchzehe*
*Pfeffer*
*Oregano*
*1 Ei*
*3 EL Vollkornpaniermehl*
*Pflanzenmargarine zum Braten*
*Zitronenspalten zum Garnieren*

***Zubereitung:***
Tofu trockentupfen, in fingerdicke Scheiben schneiden. Shoyu, Öl, Knoblauchzehe, Pfeffer und Oregano zur Marinade verrühren. Tofuscheiben darin 4 Stunden einlegen. Ab und zu wenden. Tofuscheiben hintereinander in geschlagenem Ei und in Paniermehl wenden und in heißem Fett knusprig ausbacken. Mit Zitronenspalten garniert servieren. Dazu gibt es Naturreis und grünen Salat. Variation: Marinierten Tofu auf gefettetem Blech im Rohr bei 200 Grad goldbraun braten. Dabei einmal wenden.

## Hirse-Topfenauflauf

***Zutaten:***
*250 g getrocknete oder 500 g frische Aprikosen*
*500 g Quark*
*5 EL Sahne*
*3–4 EL Honig*
*3 Eier*
*Saft und Schale von 1 Zitrone*
*75 g körnig gekochte Hirse*
*50 g gehackte Haselnüsse*
*20 g Butter*

***Zubereitung:***
Trockenaprikosen ein paar Stunden einweichen, abtropfen lassen. Einweichwasser nicht wegschütten, schmeckt gut! Quark mit Sahne, Honig und Eigelb cremig rühren, Saft und abgeriebene Schale von 1 Zitrone zugeben, ebenso die Hirse, Aprikosen untermengen. Eiweiß steif schlagen und unterheben. Feuerfeste Form fetten, Teig einfüllen, mit gehackten Nüssen bestreuen und Butterflocken aufsetzen. Bei 180 Grad auf mittlerer Schiene etwa 1 Stunde backen.

# Salat und Gemüse

## Möhren – mild und feurig

***Zutaten:***
*125 g saure Sahne oder 100 g Crème fraîche*
*1 kleiner Becher Joghurt*
*Saft von 1 Zitrone*
*1 EL Honig*
*2 EL frisch geriebener Meerrettich*
*weißer Pfeffer*
*2 süße Orangen*
*1/2 Fenchelknolle*
*500 g Möhren*
*8 Walnüsse*

***Zubereitung:***
Aus saurer Sahne oder Crème fraîche, Joghurt, Zitronensaft, Honig, Meerrettich und Pfeffer eine Sauce rühren. Orangen in feine Scheiben schneiden. Fenchel in dünne Streifen hobeln und Möhren fein reiben. Obst, Gemüse und Sauce vermischen, mit Walnüssen garnieren.

## Blattsalat in Nußsauce

***Zutaten:***
*1 Eissalat (oder wahlweise Kopfsalat, Schnittsalat, Endivien)*
*Saft von 1 Zitrone*
*1 EL Akazienhonig*
*1 EL kaltgepreßtes Öl*
*1 EL Haselnußmus*
*1 mürber Boskopapfel*

*2 EL Sahne oder Crème fraîche*
*eine Handvoll gehackte Haselnüsse*

***Zubereitung:***
Salat gut waschen, trocknen und grob zerzupfen oder bei Endivien in feine Streifen schneiden. Aus Zitronensaft, Honig, Öl, Nußmus und Sahne eine cremige Sauce rühren. Apfel klein würfeln, zugeben. Salat unterheben, Nüsse dazumischen. Salat sofort servieren.

## Chicorée-Endiviensalat

***Zutaten:***
*2 EL kaltgepreßtes Öl*
*1 EL Weinessig*
*1 EL Sojasauce*
*1 EL Tahin*
*1 EL Hefeflocken*
*1 EL gehackte Petersilie*
*frisch gemahlener Pfeffer*
*2 mittelgroße Chicorée*
*1/2 Kopf Endivien*
*1 kleine Zwiebel*

***Zubereitung:***
Als erstes aus Öl, Essig, Sojasauce, Tahin, Hefeflocken, Petersilie und Pfeffer eine cremige Sauce rühren. Chicoree 1–2 cm von unten her aushöhlen und quer zur Länge in feine Streifen schneiden. Endivien auch in feine Streifen und Zwiebel in zarte Ringe schneiden. Salat locker mischen und kurz vor dem Servieren mit der Sauce vermengen.

## Rote-Beete-Rohkost

***Zutaten:***
*2 mittelgroße Rote Beete*
*1 großer säuerlicher, ungespritzter Apfel*
*Saft von 1 Orange*
*8 EL Sahne*
*2 EL Kokosflocken*
*eine Handvoll gehackte Erdnüsse (frisch geschält)*

***Zubereitung:***
Rote Beete schälen, fein reiben, Apfel grob raffeln. Orangensaft mit Sahne verrühren, darüber gießen. Kokosflocken und Erdnüsse zugeben und alles locker vermengen.

## Fenchelsalat

***Zutaten:***
*300 g Fenchel*
*350 g Äpfel*
*80 g Haselnüsse*
*1 EL Zitronensaft*
*1 TL Ahornsirup*
*60 ml Weißwein*
*Meersalz*
*1 EL frischer Kerbel*
*bunte Salatblätter zum Garnieren*

***Zubereitung:***
Fenchel in hauchdünne Scheiben schneiden, den Apfel in Spalten und Haselnüsse grob hacken. Aus Zitronensaft, Ahornsirup, Wein und Salz eine Marinade bereiten, über den Salat gießen und mit

feingehacktem Kerbel bestreuen. Mit Salatblättern garnieren.

## Bittersalat in Gorgonzoladressing

***Zutaten:***
*250 g gemischte Bittersalate (Radiccio, Endivie, Löwenzahn, Chicorée)*
*80 g Gorgonzola*
*1/8 l saure Sahne*
*1 EL kaltgepreßtes Olivenöl*
*1 EL Balsamessig*
*1 Knoblauchzehe*
*1 Prise Meersalz*
*1 Prise weißer Pfeffer*
*2 EL Schnittlauch*

***Zubereitung:***
Die geputzten Salate mischen. Aus den restlichen Zutaten im Mixer eine Marinade aufschlagen und locker mit dem Salat mischen.

## Tomaten-Bananen-Salat

***Zutaten:***
*3 EL Weizenkeimöl*
*2 EL Weinessig*
*1–2 EL Sahne*
*Kräutersalz*
*Pfeffer*
*4 große Tomaten*
*2 Bananen*
*1/2 Tasse gehackte Erdnüsse*

*1 Bd. Schnittlauch*
*8 schwarze Oliven*

***Zubereitung:***
Marinade aus Öl, Essig, Sahne, Salz und Pfeffer rühren. Tomaten und Bananen in Scheiben schneiden, mit Erdnüssen und feingeschnittenem Schnittlauch vermengen. Locker mit der Marinade mischen. Zum Schluß mit Oliven garnieren.

**Gurkencocktail**

***Zutaten:***
*2 dicke Salatgurken*
*2 Becher Magermilchjoghurt*
*1 Bd. Dill*
*2 EL Sojabohnenkerne*
*4 Scheiben Pumpernickelbrot*

***Zubereitung:***
4 leere Portionsschalen in den Kühlschrank stellen. Die Gurken schälen. Mit einem Kugelausstecher kleine Kügelchen aus den beiden Gurken stechen. Sollten Sie ein solches Küchengerät nicht besitzen, dann halbieren Sie die Gurken der Länge nach, entfernen die Kerne mit Hilfe eines Löffels und schneiden dann quer dünne Stückchen ab. Die Gurkenkugeln mit Joghurt vermischen. Den Dill fein hacken und daruntermischen. Die gekühlten Portionsschalen aus dem Kühlschrank nehmen und gleichmäßig mit der Gurkenmischung füllen. Mit Sojabohnenkernen bestreuen. Das Brot in etwa 1 cm dicke Streifen schneiden und seitlich in den Cocktail stecken.

# Desserts

## Gebackene Honigbananen

***Zutaten:***
*100 g Mandeln*
*4 reife Bananen*
*Butter für die Form*
*1 unbehandelte Zitrone*
*2 EL flüssiger Honig*
*20 g Butter*
*1 kleiner Becher Sahne*

***Zubereitung:***
Mandeln brühen, schälen und in dünne Blättchen schneiden. In einer Pfanne goldbraun rösten. Grill oder Backofen auf 230 Grad vorheizen. Bananen schälen, der Länge nach halbieren und in eine gebutterte Form legen. Zitronenschale abreiben und Saft auspressen. Bananen mit dem Saft beträufeln. Honig mit Zitronenschale verrühren und die Früchte damit bestreichen. Butterflocken darauf verteilen. Die Form auf der obersten Schiene des Ofens oder unter dem Grill etwa 10 Minuten zum Überbacken einschieben. Bananen mit Mandeln bestreut servieren. Schlagsahne dazu reichen.

## Kastanienkonfekt

***Zutaten:***

*500 g Kastanien (Maronen)*
*etwa 1/2 l Milch und 1/4 l Sahne*
*1 Stange Vanille*

*1/2 Tasse Honig*
*Rum*
*Kakaopulver zum Wälzen*

***Zubereitung:***
Kastanien auf der gewölbten Seite einkerben, bei 200 Grad am Blech rösten, bis sie aufspringen. Sofort schälen und anschließend in etwa 1/2 l Flüssigkeit aus Milch und Sahne gemischt, mit Vanillemark gewürzt, weich kochen. Dabei öfter umrühren und bei Bedarf Flüssigkeit zugeben. Durch ein Sieb passieren. Es soll eine weiche, relativ trockene Masse entstehen. Mit Honig und Rum nach Geschmack vermengen. Ist die Masse zu trocken, noch Sahne unterrühren. Walnußgroße Kugeln formen und in Kakaopulver wälzen.

**Johannisbeergrütze mit Gerste**

***Zutaten:***
*100 g geschrotete Gerste*
*3/4 l Wasser*
*3 EL Honig*
*Saft und abgeriebene Schale von 1 unbehandelten Zitrone*
*250 g Johannisbeeren*
*1/8 l Sahne*
*1 Päckchen Vanillinzucker*

***Zubereitung:***
In einer Pfanne die Gerste leicht anrösten. Mit ca. 3/4 l Wasser aufgießen. Das Ganze etwa knapp 1/2 Stunde köcheln. Anschließend mit Honig, Zitronensaft und -schale verfeinern. Mit den gewa-

schenen und abgetropften Johannisbeeren vermischen. Die Sahne mit Vanillezucker steif schlagen und unter die Fruchtmischung heben; kalt stellen.

## Aprikosenküsse

***Zutaten:***
*100 g gehäutete Mandeln*
*50 g geröstete Sesamsamen*
*1 EL Honig*
*2 EL Sahne*
*250 g weiche, ungeschwefelte Aprikosen*

***Zubereitung:***
Mandeln und Sesam so fein als möglich mahlen. Es soll bereits das Öl austreten. Mit Honig und Sahne zu einer weichen Paste verrühren. Die Aprikosen über Kreuz einschneiden, mit der Masse füllen und einzeln in Cellophan hübsch verpacken.

# Ihr kleines Tagesprogramm

## Gruß an die Sonne

(Suryanamaskar)

Der »Gruß an die Sonne« ist eine in sich geschlossene Übung, die in 12 einzelne Bewegungen zerfällt, die mehrere Male zu wiederholen sind. Die Yogis führen diesen »Gruß an die Sonne« traditionsgemäß bei Sonnenaufgang vor den Asanas aus. Für Sie jedoch ist er eine hervorragende Übung, die auch in Ihrem Yoga-Programm eine wichtige Stellung einnehmen sollte.

Der »Gruß an die Sonne« bringt die gesamte Muskulatur in Bewegung, wärmt sie auf und bereitet sie auf die Asanas vor. Als hervorragende Konditionsübung beschleunigt er Atmung und Herzrhythmustätigkeit, ohne dabei zu ermüden.

**Übung 1**

Sie stehen aufrecht, die Beine geschlossen. Die Hände falten Sie in Gebetsstellung vor dem Körper. Achten Sie darauf, gerade zu stehen, fallen Sie nicht ins Hohlkreuz, und ziehen Sie die Schultern nicht nach oben.

Den Kopf neigen Sie leicht nach vorne zu den Händen. Sie atmen aus.

*Gruß an die Sonne 1*

## Übung 2

Strecken Sie die Arme, und führen Sie sie nach hinten oben, hoch über den Kopf. Dabei atmen Sie ein.

Spannen Sie die Gesäßmuskulatur an, drücken Sie die Hüften nach vorne, und beugen Sie den Oberkörper von der Taille aus nach hinten. Ihren Blick richten Sie nach oben, zur Decke.

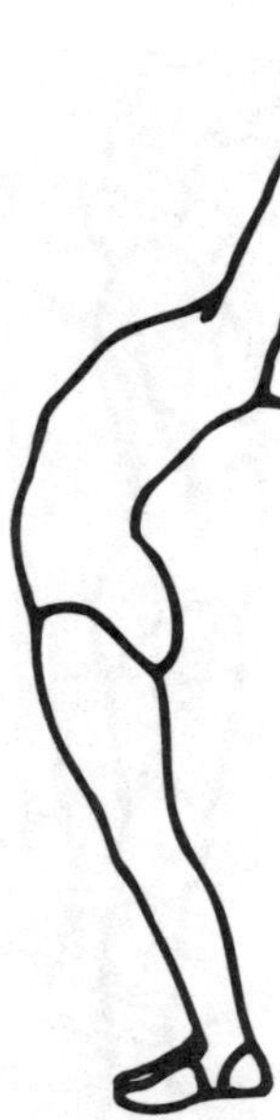

*Gruß an die Sonne 2*

## Übung 3

Mit dem Ausatmen beugen Sie nun den Oberkörper wieder nach vorne und rollen zum Boden hin ab. Die Knie bleiben fest durchgedrückt, die Hände setzen Sie, wenn es geht, rechts und links von Ihren Füßen am Boden auf.

Versuchen Sie, Ihre Stirn an die Knie zu bringen.

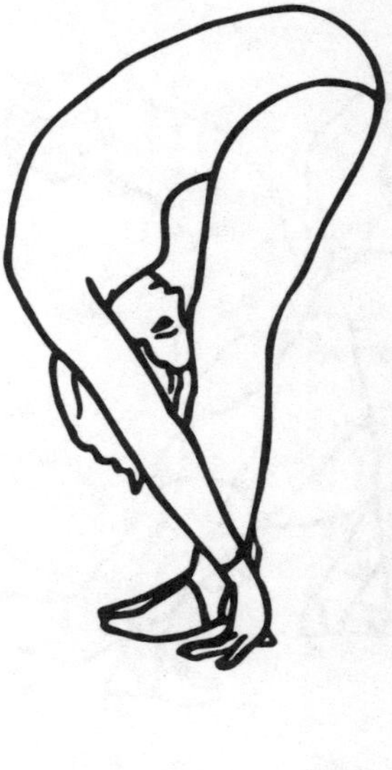

*Gruß an die Sonne 3*

## Übung 4

Aus der Rumpfbeuge gehen Sie in die Hocke und nehmen dabei das linke Bein gestreckt nach hinten. Setzen Sie die Fußspitze am Boden auf, der rechte Fuß bleibt mit der ganzen Sohle am Boden. Die Hände stützen Sie neben dem angehockten Bein auf.

Versuchen Sie nun, in dieser Stellung den Rücken zu strecken, und nehmen Sie dabei den Kopf mit nach oben. Atmen Sie ein.

*Gruß an die Sonne 4*

## Übung 5

Stützen Sie sich mit den Händen am Boden ab, und stellen Sie den rechten Fuß zurück zum linken. Beide Beine sind gestreckt, die Knie durchgedrückt. Versuchen Sie, die Fersen zum Boden zu bringen. Nehmen Sie den Kopf nach unten, halten Sie ihn in Verlängerung der Wirbelsäule, und strecken Sie den Rücken.

Ihr Körpergewicht ruht gleichmäßig auf Händen und Füßen. Während dieser Übung halten Sie den Atem an.

*Gruß an die Sonne 5*

## Übung 6

Verlagern Sie Ihr Körpergewicht nach vorne auf die Hände, und lassen Sie sich langsam zum Boden nieder. Während Sie den Körper ablegen, bleiben die Hände immer an Ort und Stelle, die Füße sind aufgestellt! Legen Sie die Brust so am Boden auf, daß Ihre Hände genau unter den Schultern zu liegen kommen. Der Kopf ruht auf dem Kinn. Atmen Sie aus.

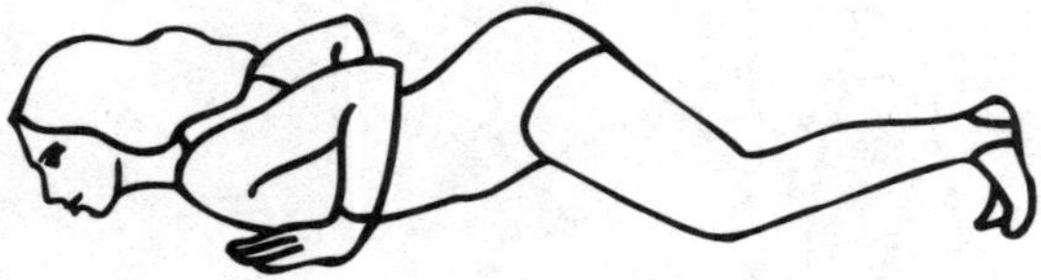

*Gruß an die Sonne 6*

## Übung 7

Mit dem Einatmen nehmen Sie jetzt den Kopf nach hinten in den Nacken und strecken langsam die Arme. Biegen Sie den Rücken wie bei der Kobra-Stellung. Die Arme bleiben in der Endstellung leicht gebeugt, der Bauchnabel sollte so nah wie möglich am Boden sein.

Achten Sie bitte darauf, daß Ihr Hals nicht zwischen den Schultern verschwindet. Heben Sie den Kopf, und lassen Sie die Schultern herunterhängen, so können Sie den Rücken maximal krümmen.

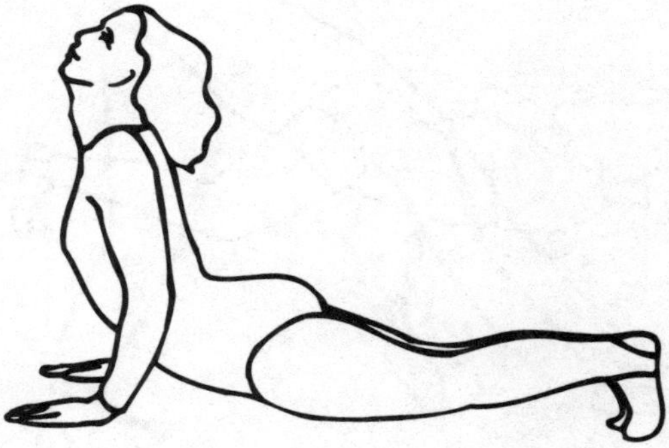

*Gruß an die Sonne 7*

## Übung 8

Stützen Sie sich kräftig auf die Arme, heben Sie den Oberkörper wieder vom Boden ab, und kehren Sie in die Stellung des »umgekehrten V« zurück. Die Fersen berühren den Boden, die Knie sind durchgedrückt.

Spannen Sie die Bauchmuskulatur an, und strekken Sie den Rücken, Ihr Blick ist auf den Nabel gerichtet. Während dieser Übung halten Sie den Atem an.

*Gruß an die Sonne 8*

## Übung 9

Verlagern Sie das Körpergewicht auf die Hände, und nehmen Sie das linke Bein nach vorne zwischen die Arme in Hockstellung. Führen Sie den Fuß wirklich bis zu seinem Ausgangspunkt zurück. Das rechte Bein bleibt nach hinten gestreckt.

Nehmen Sie den Kopf wieder, wie bei Übung 4, nach oben, und drücken Sie den Rücken durch. Den Atem halten Sie immer noch an.

*Gruß an die Sonne 9*

## Übung 10

Mit dem Ausatmen setzen Sie auch das rechte Bein zurück in die Hockstellung, gleich anschließend strecken Sie beide Beine durch, die Fersen fest am Boden.

Der Oberkörper bleibt nach unten gebeugt, den Kopf nehmen Sie wieder an die Knie. Drücken Sie Ihr Knie gegen die Brust, und biegen Sie die Wirbelsäule soweit wie möglich nach unten.

*Gruß an die Sonne 10*

## Übung 11

Mit dem Einatmen rollen Sie nun den Oberkörper Wirbel für Wirbel wieder nach oben. Beugen Sie sich so weit wie möglich zurück, und nehmen Sie die Arme gestreckt über den Kopf mit nach hinten. Ihr Blick ist zu den Händen gerichtet.

Spannen Sie Gesäß- und Bauchmuskulatur an, um ein Hohlkreuz zu vermeiden.

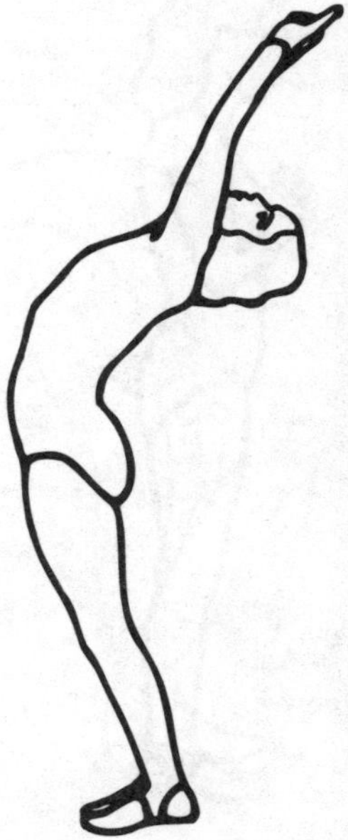

*Gruß an die Sonne 11*

## Übung 12

Atmen Sie aus, nehmen Sie die Arme nach unten, falten Sie die Hände wieder in Gebetsstellung vor dem Körper, und stehen Sie gerade.

Sie haben die Ausgangsposition erreicht und können die Übung von vorne beginnen.

*Gruß an die Sonne 12*

Den »Gruß an die Sonne« können Sie so oft hintereinander wiederholen, wie es Ihnen gefällt. Versuchen Sie, im Rhythmus zu bleiben und achten Sie auf gleichmäßige, fließende Bewegungen.

Konzentrieren Sie sich auf jede einzelne Ihrer Bewegungen und vermeiden Sie während der Wiederholungen jegliche Unterbrechung. Koordinieren Sie Atmung und Bewegung so, daß es Ihnen leicht fällt, die Übung fortlaufend auszuführen, ohne zu ermüden oder außer Atem zu kommen.

Solange Ihnen der Bewegungsablauf noch nicht so geläufig ist, atmen Sie bitte natürlich. Konzentrieren Sie sich erst dann auf die Atmung, wenn Sie die einzelnen Übungen beherrschen.

## Kleines Übungsprogramm für morgens

Beginnen Sie Ihr Übungsprogramm morgens mit Dehnungs- und Streckübungen, mit denen Sie Ihre müden Glieder so richtig strecken können. In Frage kommen hierbei vor allem die »Übungen für die einzelnen Körperglieder«, z. B. Löwe, Berg, Dreieckspose, Baum, Storch, Brust-Expander, Gehobene-Hände-Haltung, Körperhebestellung, Knie- und Schenkel-Streckung.

Konzentrieren Sie sich auf Ein- und Ausatmung, und tanken Sie frische Luft, wenn möglich, am offenen Fenster.

Auch eine umgekehrte Stellung sollte stets zu einem ausgeglichenen Übungsprogramm gehören, denn sie verbessert die Durchblutung und macht munter. Wählen Sie ein oder zwei Übungen für Ihre Problemzonen, und beenden Sie das Programm mit einer Entspannungsübung, sozusagen als Übergangsphase zu Ihrer normalen Tätigkeit.

## Übungsbeispiel

Brust-Expander
Rumpfbeuge im Stehen
Dreieckspose
Bauchatmung
Tiefatmung
Knie- und Schenkel-Streckung
Kopf-zum-Knie-Stellung
Pflug
Kerze
Drehsitz (vorbereitende Variation)
Zusammengerolltes Blatt

## Kleines Übungsprogramm für abends

Jedes Übungsprogramm für abends sollte mit einer meditativen Asana beginnen. Damit lernen Sie abzuschalten und Ihre Alltagsprobleme hinter sich zu lassen, um sich dann auf die nachfolgenden Asanas konzentrieren zu können.

Lockern und entspannen Sie sich bei einer oder mehreren Übungen für die Körperglieder (siehe Kapitel »Übungen für die einzelnen Körperglieder«), dann ruhen Sie sich mit einer Entspannungsübung, z. B. Schneidersitz, Festhaltung kurz aus.

Machen Sie anschließend ein paar Asanas für die Wirbelsäule, zur Kompression des Unterleibes und zur Umkehrung der Blutzirkulation. Bei den Übungen für die Wirbelsäule achten Sie bitte darauf, daß einem Nach-vorne-Beugen unbedingt eine entgegengesetzte Beugung nach hinten folgen muß. Ebenso verhält es sich bei Biegungen des Rückgrates zur Seite! Auch für Ihre Problemzonen können Sie wieder eine Übung einbauen.

Nicht vergessen sollten Sie eine Atemübung: Achten Sie hierbei auf ein vermehrtes Ausatmen bzw. Reinigungsatmen.

Zum Abschluß folgt wieder eine Entspannungsübung, die Sie die Wirkungen der einzelnen Asanas nachspüren läßt und auf einen erholsamen Schlaf vorbereitet.

## Übungsbeispiel

Schneidersitz
Löwe
Berg
Festhaltung
Drehsitz
Bogen
Pflug
Kobra
Wechselseitiges Nasenatmen
Reinigungsatmung
Baucheinzieher
Kerze oder Kopfstand
Totenstellung

# Übungen für alle Körperteile und bei bestimmten Beschwerden

# ÜBUNGEN FÜR ALLE KÖRPERTEILE

**Arme**
Bogen, Brust-Expander, Kobra, Rad

**Atembeschwerden**
alle Atemübungen, Berg, Dreieckspose, Kerze, Rumpfbeuge, Totenstellung, Zange

**Bauch**
Berg, Brust-Expander, Gehobene-Hände-Haltung, Heuschrecke, Kontraktion des Bauches, Körperhebestellung, Kopf-zum-Knie-Stellung, Storch, Zange

**Beine**
Baum, Bogen, Festhaltung, Gespreizte Beinstreckung, Kerze, Kopf-zum-Knie-Stellung, Knie-Schenkel-Streckung, Liegende Festhaltung, Storch, Zange, Zusammengerolltes Blatt

**Brustkorb**
Bogen, Brust-Expander, Dreieckspose, Dreieck, Fisch, Kamel, Kobra, Liegende Festhaltung, Rad

**Durchblutung**
Berg, Baum, Brust-Expander, Kerze, Kobra, Kopfstand, Pflug, Rumpfbeuge, Zusammengerolltes Blatt

**Erkältungen**
Kerze, Rumpfbeuge, Tiefatmung, Zange

**Füße**
Festhaltung, Liegende Festhaltung

**Gesäß**
Bogen, Heuschrecke, Kamel, Kanu, Kerze, Kobra, Kopf-zum-Knie-Stellung, Liegende Festhaltung, Pflug

**Gesicht**
Brust-Expander, Löwe, Kerze, Kopfstand, Pflug, Rad, Rumpfbeuge

**Haltung**
Baum, Bogen, Kamel, Kerze, Kobra, Liegende Festhaltung, Pflug, Rad, Storch

**Hüften**
Bogen, Drehsitz, Dreieck, Heuschrecke, Kanu

**Kopfschmerzen**
Kerze, Kopfstand, Pflug, Rumpfbeuge, Wechselseitiges Nasenatmen, Zange

**Müdigkeit**
Brust-Expander, Kerze, Kopfstand, Pflug, Rumpfbeuge, Wechselseitiges Nasenatmen, Tiefatmung, Zusammengerolltes Blatt

**Nacken**
Brust-Expander, Fisch, Kobra, Pflug

**Oberschenkel**
Dreieck, Gespreizte Beinstreckung, Knie-Schenkel-Streckung, Kopf-zum-Knie-Stellung, Rumpfbeuge, Zange

**Rücken**
Berg, Bogen, Brust-Expander, Drehsitz, Heuschrek-

ke, Kamel, Kobra, Kopf-zum-Knie-Stellung, Körperhebestellung, Pflug, Rad, Rumpfbeuge, Zange

**Schlaflosigkeit**
Berg, Kerze, Kobra, Pflug, Wechselseitiges Nasenatmen, Totenstellung

**Taille**
Kontraktion des Bauches, Dreieckspose, Dreieck, Drehsitz

**Verdauungsschwierigkeiten**
Berg, Bogen, Heuschrecke, Kanu, Kerze, Kobra, Pflug

**Verspannungen**
Brust-Expander, alle Entspannungsübungen, Fisch, Kerze, Kobra, Kopf-zum-Knie-Stellung, Löwe, Rumpfbeuge, Zange

## Register